이화유치원

교육과정 운영의 실제

만 4세 ❼ 여름

이화유치원 교육과정 운영의 실제

만 4세

7 여름

이화여자대학교 사범대학 부속이화유치원

(주)교 문 사

머리말

올해로 97년의 오랜 역사와 전통을 자랑하는 이화유치원은 우리나라에서뿐만 아니라 전 세계에서 탁월한 유아교육을 실행하는 유치원으로 높이 평가받고 있습니다. 이화유치원은 이에 긍지와 자부심, 책임감을 가지고 있으며, 무한한 가능성을 가진 유아들이 바르고, 착하고, 아름답게 자랄 수 있도록 최적의 교육환경과 교육과정을 제공하기 위해 항상 노력하고 있습니다. 더 나아가 미래사회를 책임질 유아들의 건강한 성장과 발달을 위해 끊임없이 새로운 프로그램을 개발하고, 유아교육의 질을 제고하기 위한 연구를 지속하여 유아교육 발전을 선도해 가고 있습니다.

유아의 성장 및 발달에 적합한 환경과 교육과정으로 질 높은 유아교육을 충실히 실행하는 것이 이화유치원의 중요한 사명 중 하나라면 또 다른 중요한 사명은 유아의 발달 및 유치원 교육과정, 교수방법, 교육환경 등에 관한 연구를 수행하고 그 결과를 출판하여 보급하는 것입니다. 이에 따라 이 책 『이화유치원 만 3, 4, 5세 교육과정 운영의 실제』는 이화유치원의 중요한 사명을 성공적으로 완수해 낸 결과물인 것입니다.

이화여자대학교 사범대학 부속이화유치원에서 1992년과 1995년 두 번에 걸쳐 『만 3, 4, 5세 어린이를 위한 유치원 교육과정 운영의 실제』를 출판한 지 어느덧 16년이 지났습니다. 2004년에 이화유치원 창립 90주년 기념행사를 성황리에 개최한 이후 새로운 『만 3, 4, 5세 유아를 위한 이화유치원 교육과정 운영의 실제』를 출판하기 위한 준비 및 집필 작업을 계속해 왔고 드디어 2011년에 출판하게 됨을 매우 기쁘게 생각합니다.

『이화유치원 만 4세 교육과정 운영의 실제』의 1학기 생활주제는 「즐거운 유치원」, 「나」, 「봄」, 「가족」, 「동물」, 「동네와 지역사회」, 「여름」이고, 2학기 생활주제는 「교통기관」, 「우리나라」, 「소비생활」, 「가을」, 「겨울」입니다. 기존 만 4세 교육과정 운영의 실제에서 제시한 생활주제 중 「나와 가족」을 「나」, 「가족」으로 분리했고, 「즐거웠던 여름방학」과 「즐거웠던 겨울방학」을 각각「여름」과 「겨울」 생활주제로 통합했습니다. 또한 「동네와 지역사회」와 「소비생활」

을 새로운 생활주제로 추가했습니다.

『이화유치원 만 4세 교육과정 운영의 실제』는 동일하게 3개의 장으로 구성되어 있습니다. 1장에서는 각 생활주제 선정의 의의와 교육 목표를 소개했습니다. 생활주제에서 다루어야 할 학습 내용을 2~5개의 주제로 구분하고, 주제별로 교육 목표와 내용을 설명했습니다. 2장에서는 교육환경에 대해 소개했습니다. 원내와 교실의 흥미 영역을 교육 내용에 적합하게 구성하는 방법을 설명했고, 사진을 실례로 소개했습니다. 3장에서는 생활주제에 적합한 교육활동을 주제별로 소개했습니다. 교육활동의 전개 방법에서는 유아들이 흥미를 가지고 능동적으로 참여하여 교육 내용을 이해하고 학습할 수 있도록 하기 위해 교사가 만 4세 유아들의 발달 수준, 지식, 경험 등에 적합한 교육적 대화를 어떻게 나누는지를 소개하는 데 중점을 두었습니다. 이 책에 수록된 교육활동을 현장에서 실시할 때 도움이 되도록 교사의 질문 및 언어적 상호작용을 구체적으로 자세하게 기술하였고, 내용을 쉽게 이해할 수 있도록 사진 및 삽화를 수록했습니다. 활동 시 참고할 사항을 Tip으로 제시했고 유의점에 주의해야 할 사항을 설명했습니다. 또한 확장활동 및 관련활동을 제시하여 교육활동들 간의 연계성을 강조했습니다. 부록에는 주간교육계획안과 일일교육계획안의 예시를 수록하여 실제 교육계획안 수립 시 참고할 수 있도록 했습니다.

이화유치원에서는 교육과정의 학습경험 설정 및 효과적 조직에서 요구되는 세 가지 준거—계속성(continuity), 계열성(sequence), 통합성(integraty)—를 갖추고자 지속적인 연구와 노력을 거듭하고 있습니다. 이 책에서는 만 3, 4, 5세 교육과정 간 계속성, 계열성, 통합성에 초점을 맞추어 연구 · 개발된 새로운 생활주제, 주제 및 교육활동들을 소개했습니다. 또한 본 유치원에서 지난 10여 년간 실행해 온 각종 연구들—기본생활습관교육, 소비자교육, 극놀이, 요리활동, 종일반 프로그램, 수학교육, 리더십교육, 언어교육, 동작교육, 문학교육, 전통문화예술교육—을 통해 새롭게 개발된 생활주제, 주제 및 교육활동들을 이 책에 소개했습니다. 기존 『만

4세 어린이를 위한 유치원 교육과정 운영의 실제』에 수록되었던 활동들의 경우, 최근 유아들의 발달적 특성, 요구, 흥미에 적합하게 또한 시대적 변화와 요구에 부응할 수 있도록 수정 · 보완해서 소개했습니다.

그동안 이 책이 출판될 수 있도록 도와주신 여러 분들께 머리 숙여 감사를 드립니다. 먼저 『이화유치원 만 4세 교육과정 운영의 실제』를 함께 집필해 주신 이화유치원 전 · 현직 교사들—오지영, 강은정, 김은수, 김혜전, 이예린, 장정윤—께 감사를 드립니다. 유아교육 발전을 위한 이화유치원의 사명을 완수하기 위해 지난 몇 년간 주말이나 공휴일은 물론이고 방학에도 쉬지 못하면서 이 책의 집필 과정에 참여해 주신 여러 분들의 헌신적 노력은 유아교육의 역사에서 오래 기억될 것입니다. 이 책의 집필 과정에서 여러모로 도움을 주신 이화유치원 전 · 현직 교사들—김수정, 박정민, 박미정, 안예슬—께도 깊은 감사를 드립니다. 또한 이 책을 출판해 주신 (주)교문사 류제동 사장님, 정용섭 부장님을 비롯한 직원 여러 분들께도 진심으로 감사를 드립니다.

끝으로 이 책이 출판될 수 있도록 간접적으로 도와주신 분들께도 감사를 드립니다. 그동안 유아교육을 공부하는 학부생 및 대학원생, 유아교사, 유아교육학자, 유아교육 전문가 및 행정가, 심지어 학부모들께서도 이 책이 언제 출판되는지를 문의하고 출판을 서둘러 주기를 부탁하셨습니다. 『이화유치원 만 3, 4, 5세 교육과정 운영의 실제』를 하루빨리 출판해 달라는 많은 분들의 요청이 저희들에게 든든한 힘과 격려가 되어 주었기에 이 자리를 빌려 감사의 마음을 전하며, 여러분들께서 기대하신 만큼 큰 도움 받으시기를 바랍니다.

2011년 7월 25일

집필진 대표 홍용희

차 례

2. 여름철 안전 43

3. 여름철 동 · 식물 75

4. 여름방학 119

〈부 록〉 151

1장

생활주제 선정의 의의와 목표

1장

생활주제 선정의 의의와 목표

1. 생활주제 선정

여름은 우리나라의 사계절 중 가장 덥고 습한 계절이다. 장마, 태풍, 무더위 등 다양한 자연 현상이 일어나며, 생명체들이 활발하게 성장하고 활동하는 계절이다. 따라서 유아들은 기후 및 동 · 식물의 변화를 쉽게 감지하고 이해할 수 있다. 생활주제 '여름' 은 유아들이 여름철 기후 변화와 그에 따라 변화하는 사람과 동 · 식물의 생활 모습을 관찰하면서 여름의 계절적 특징을 알도록 교육 내용을 구성하였다. 또한 여름철 발생하기 쉬운 질병 및 안전사고를 예방함으로써 계절의 변화에 슬기롭게 대처하고 건강하게 생활할 수 있는 능력을 기를 수 있도록 교육 내용을 구성하였다.

2. 주제 및 목표 선정

여름 생활주제는 '여름철 날씨와 생활' , '여름철 안전' , '여름철 동 · 식물' , '여름방학' 으로 구성되었다.

생활 주제	주 제
여름	여름철 날씨와 생활
	여름철 안전
	여름철 동 · 식물
	여름방학

각 주제별 교육 목표 및 교육 내용은 다음과 같다.

주 제	분 류	목표 및 내용
1. 여름철 날씨와 생활	교육 목표	• 여름철 날씨의 특징을 안다. • 날씨와 계절의 변화를 느끼고 이해한다. • 여름을 시원하게 지내는 방법을 알고 생활 속에서 실천한다. • 계절에 알맞은 옷차림을 한다.
	교육 내용	'여름철 날씨와 생활' 주제는 유아들이 실외자유선택활동 혹은 야외학습 등의 실외 활동을 통해 여름철 날씨의 특징을 체감하고 학습하도록 선정한 주제이다. 물놀이하기, 시원한 음식 만들어 먹기 등의 활동을 통해 여름을 시원하고 즐겁게 보내는 방법에 대해 알아보고 실천할 수 있도록 한다.
2. 여름철 안전	교육 목표	• 여름을 건강하고 위생적으로 지내기 위한 방법을 알고 실천한다. • 병을 예방하기 위해 바른 청결 습관을 기른다. • 가정이나 실외에서 일어날 수 있는 안전사고를 예방하는 태도를 갖는다.
	교육 내용	'여름철 안전' 주제는 무더위, 폭염과 같은 기후 특징을 갖는 여름을 건강하게 보내기 위한 방법을 알아보고 실천하도록 선정한 주제이다. 식중독이나 유행성 눈병과 같이 여름철 자주 발생하는 질병의 종류와 예방법에 대해 학습하고 실천함으로써 건강한 생활 습관을 갖도록 한다. 또한 여름에 자주 접하는 환경인 산과 바다, 계곡, 물놀이 시설에서 안전하게 놀이하는 방법과 공공장소에서 지켜야 할 규칙에 대해 배움으로써 안전한 생활 태도를 가질 수 있도록 교육 내용을 구성한다.
3. 여름철 동 · 식물	교육 목표	• 여름에는 동 · 식물이 많이 성장한다는 것을 안다. • 바다에 사는 생물의 종류와 특징을 안다. • 여름철 과일과 채소의 종류를 안다. • 여름철 자연의 변화에 호기심을 갖고 관찰한다.
	교육 내용	'여름철 동 · 식물' 주제는 유아들이 여름에 많이 볼 수 있는 동물과 식물에 대해 탐구하도록 선정한 주제이다. 유아들이 직접 조사해 온 자료를 이용한 이야기나누기 활동이나 극, 음악, 조형, 과학 등의 다양한 활동을 실시하여 여름철 자연의 특징을 학습한다. 이를 통하여 유아들이 변화하는 여름철 자연의 특징에 대하여 호기심을 갖고 지속적으로 관찰하는 태도를 가질 수 있게 한다.
4. 여름방학	교육 목표	• 여름방학의 필요성을 안다. • 즐거운 여름방학을 맞이한다. • 여름방학 동안 가정에서 규칙적으로 생활하는 태도를 기른다. • 유치원 생활에 재적응한다. • 방학 동안 달라진 유치원 환경과 친구들의 모습을 안다. • 방학 동안의 경험을 다양한 활동을 통해 표현하고 친구들과 공유한다.
	교육 내용	'여름방학' 주제는 한 학기를 회상하고 다가오는 여름방학의 필요성과 방학 중 생활에 대해 알아보기 위해 선정한 주제이다. 여름방학을 맞이하여 방학을 즐겁고 건강하게 보낼 수 있는 방법을 알고 실천함으로써 규칙적인 생활 습관을 가질 수 있도록 한다. 개학 후 방학 동안의 경험을 언어, 음악, 동작, 조형, 극 등의 다양한 활동을 통해 회상하고 친구들과 경험을 공유한다.

2장

환경 구성

2장

환경 구성

1. 실내 환경 : 현관, 복도

1) 게시판

현관 게시판에 바다 속 풍경을 배경으로 현장학습, 부모 개인 면담, 1학기 종업일 등 유치원 교육 활동에 관련된 각종 안내사항과 매일의 급 · 간식 식재료를 게시한다. 이후 유아들이 만들거나 그린 바다 생물을 전시하며 게시판을 완성해 나간다.

7월 유치원 현관 게시판

2) 복도 벽면

복도 벽면은 단오와 관련하여 유아들이 조사 해 온 내용을 전시하거나 6월 · 7월 현장학습지에서 촬영한 사진, 현장학습에서 재미있었던 일과 알게 된 점 등을 주제로 하여 만든 유아 작품들을 게시하여 유아들이 현장학습의 경험을 공유하게 한다.

유아들이 조사한 단오 관련자료

유아들이 만든 단오 부채

여름방학을 지낸 후에는 방학 동안 유치원의 달라진 점이나 우리나라에서 있었던 일(예: 로켓 발사), 세계적인 행사(예: 올림픽) 등에 관한 사진이나 유아들의 그림을 전시한다.

2008년도 베이징 올림픽 경기 관련자료

3) 복도 영역

여름철에 볼 수 있는 동물과 식물에 대한 정보가 담긴 책을 제공하고, 벽면에는 관련 화보를 게시한다. 여름철에 볼 수 있는 곤충 모형과 숲 속 배경판, 바다 속 생물 모형과 바다 속 배경판 상상 놀이 세트를 제공하여 유아들이 하루 일과 중 자유롭게 찾아와 상상 놀이를 할 수 있도록 한다.

유아들이 여름방학 동안 그려 온 그림이나 만들어 온 조형 작품들을 전시한다. 유아들이 가져온 입체 조형물이나 사진 모음집 등을 전시할 수 있는 책상을 마련하고, 벽면에는 그림이나 사진을 전시할 수 있도록 학급별 이름표를 게시해 둔다.

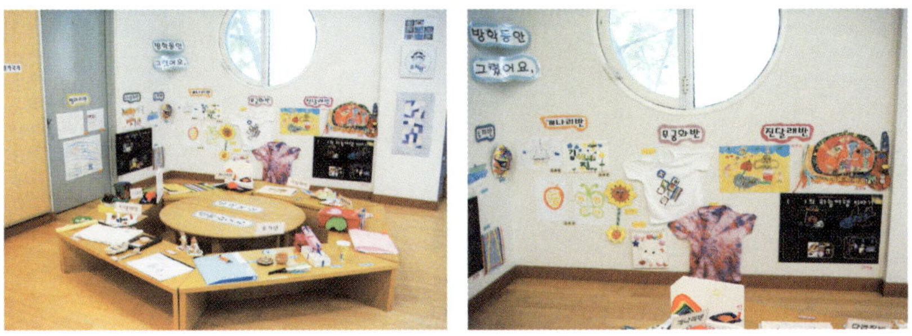
방학 동안 그리거나 만든 작품

2. 실내 환경 : 교실

- 생활주제 : 여름
- ○○○반 흥미 영역 배치도

○○○○학년도 ○월 ○주 ~ ○월 ○주

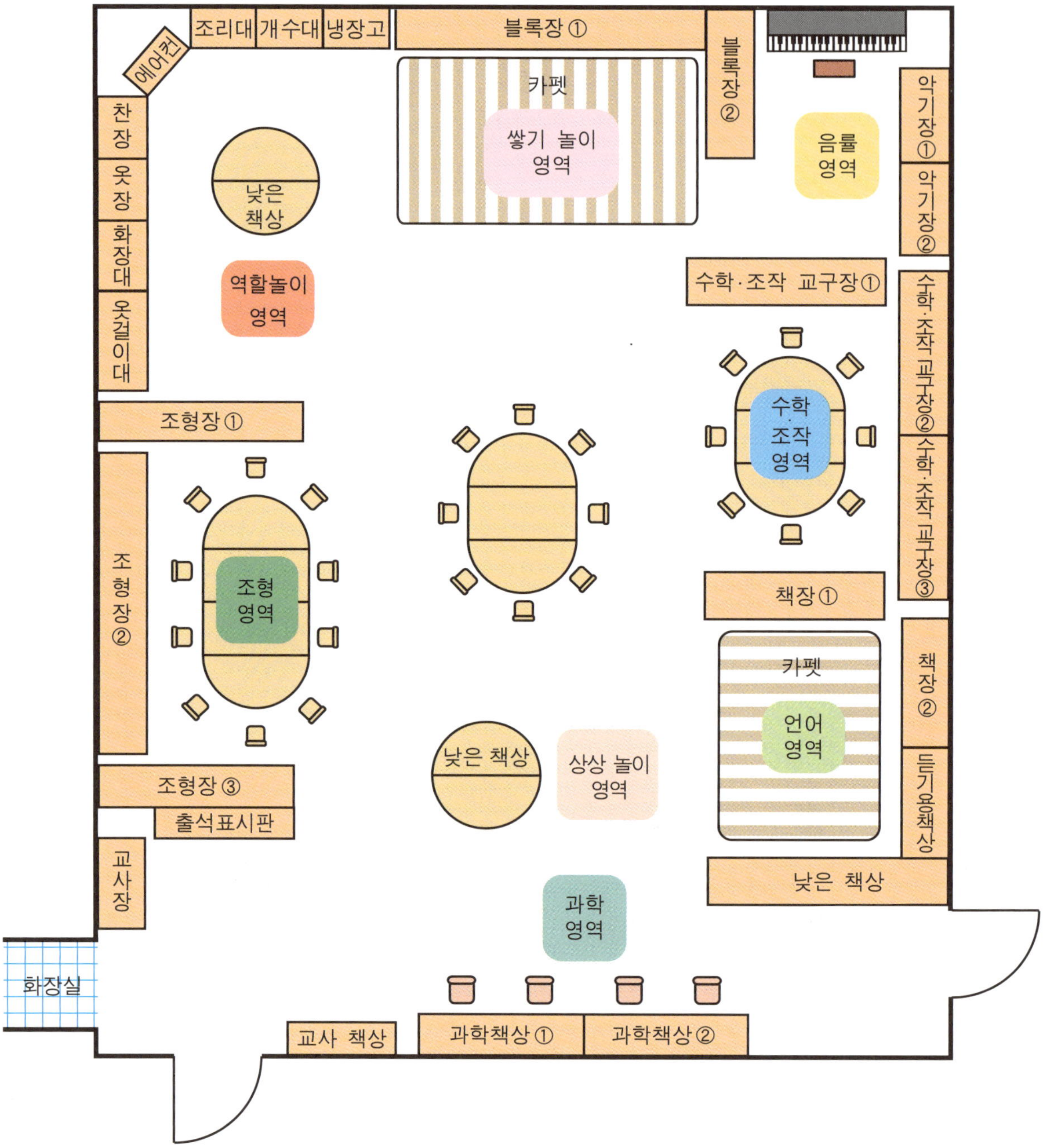

1) 교실 벽면

(1) 출석 표시판

'여름' 생활주제에서는 여름철과 관련된 풍경(예: 시골 농촌의 여름풍경, 바다 속 등)의 모습이 담긴 그림을 배경판으로 사용한다. 출석 표시판에 사용하는 이름표는 유아들이 그린 여름철 과일이나 바다 속 생물 그림을 사용한다.

바다 속 풍경 출석 표시판

(2) 벽면 전시

교실 벽면에는 여름철 기후(예: 비, 장마, 태풍 등)와 자연환경의 변화, 사람들의 생활과 관련한 화보를 게시한다. 또한 여름철에 자주 먹는 음식, 여름을 시원하게 보내기 위해 필요한 물건(예: 부채, 선풍기, 에어컨, 냉장고 등) 그림이나 사진을 게시한다. 유아들이 생활주제와 관련하여 그린 그림이나 만든 작품을 벽면과 창문에 전시한다. 개학 후에는 유아들이 그린 '여름방학 동안 즐거웠던 일' 그림을 벽면에 게시하여 방학 동안의 경험을 친구들과 공유하게 한다.

봉투 물고기 작품

2) 흥미 영역

(1) 언어 영역

① 읽기 영역

여름철 사람들의 생활모습이 담긴 도서, 여름철 동 · 식물에 대한 내용이 담긴 도서, 여름철 안전한 놀이를 위해 지켜야 할 내용이 담긴 도서, 여름철 안전하게 음식 먹는 방법이 담긴 도서 등을 제시한다. 또한 생활주제와 관련하여 배운 동시 자료를 벽면 또는 게시판에 게시하여 유아들이 동시 내용을 회상하고 새롭게 창작하게 한다.

② 듣기 영역

듣기 영역에 여름과 관련된 동화를 녹음하여 책과 함께 듣기 자료로 제시한다. 또한 여름철 주변에서 들을 수 있는 다양한 소리(예: 소나기 내리는 소리, 개울물 흐르는 소리, 바다의 파도소리, 천둥소리, 뱃고동 소리, 개구리 울음소리, 갈매기 소리, 수영장의 물장구 소리 등) 자료를 그림 카드와 함께 제공한다. 이를 통해 유아들이 카드의 그림과 소리를 비교하며 다양한 소리를 변별하게 한다.

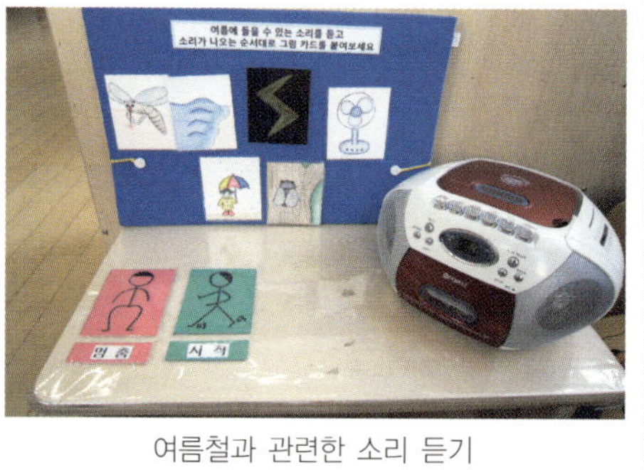

여름철과 관련한 소리 듣기

③ 말하기 영역

여름철 곤충이나 바다 생물 그림에 막대를 부착하여 만든 막대인형으로 상상놀이를 할 수 있도록 한다. 또한 생활주제와 관련된 동화(예: '꿀꿀이의 아이스크림 가게' 테이블 동화 자료)를 내주어 유아들이 동화의 내용을 회상하며 극놀이를 하게 한다.

바다 생물 인형극

(2) 쌓기 놀이 영역

생활주제 '여름'과 관련하여 다양한 상상놀이(예: 곤충 나라 만들기, 바다 속 꾸미기, 여름철 숲 속 꾸미기 등)를 할 수 있도록 바다 생물 모형(예: 고래, 상어, 거북이, 가오리, 게, 해마, 복어, 불가사리, 조개 등), 곤충 모형(예: 매미, 잠자리, 개미, 물방개 등), 여러 가지 재질의 나무 모형, 바다를 표현할 파란색 계열의 천, 숲을 표현할 초록색 계열의 천 등을 제공한다.

쌓기 놀이 영역 전경

상상놀이용 소품

(3) 역할 놀이 영역

여름을 맞이하여 샌들, 슬리퍼 등 여름용 신발을 첨가하고, 챙이 있는 모자, 팔찌, 선글라스 등의 장신구를 비치한다. 여름철 과일, 채소류(예: 복숭아, 포도, 참외, 수박, 옥수수 등)의 모형을 제공한다.

| 과일 · 야채 가게놀이 |

여름철 과일 · 야채 가게 놀이에 필요한 기본적인 소품(예: 부직포, 헝겊, 천, 플라스틱 재질의 다양한 과일 · 야채 모형, 계산기, 저울, 장바구니, 카트 등)을 제시한다. 또한 과일 · 야채 가게 한쪽에 믹서기, 칼, 도마, 그릇, 다양한 컵, 얼음 등을 제시하여 유아들이 과일 · 야채 모형으로 주스를 만들어 놀이하도록 한다.

과일 · 야채 가게 놀이

과일 · 야채 진열대 및 장바구니, 카트

주스 만드는 곳

| 병원 놀이 |

여름철 안전(예: 물놀이 안전사고, 식중독, 배탈 등)과 관련하여 병원 놀이를 할 수 있는 공간을 마련해 준다. 역할 놀이 영역의 가구를 재배치하여 공간을 마련하고 병원 놀이에 필요한 가구(예: 진료용 책상과 의자, 환자가 누울 수 있는 간이침대 등)와 병원 놀이에 필요한 다양한 소품(예: 왕진 가방, 청진기, 체온계, 혈압기, 현미경, 링거병, 주사기, 플라스틱 칼, 반사경, 약병, 약 봉투, 수수깡 등을 잘라서 만든 약, 약 조제를 위한 절구, 플라스틱 비커, 엑스레이 필름 등)을 함께 준비한다. 유아들이 입을 수 있는 의사와 간호사 의복도 함께 제공한다.

병원 놀이

진료에 필요한 물건

X-ray와 필름

(4) 수학 · 조작 영역

여름철 날씨와 생활, 여름철 과일과 채소 등의 주제와 관련한 조각 그림 맞추기, 여러 가지 곤충의 그림자 맞추기와 수 세기 등 사고력 · 추리력을 발달시킬 수 있는 개인용 조작교구를 중심으로 수학 · 조작 영역을 구성한다. 유아들이 수학 · 조작 교구로 놀이하면서 여름철의 날씨와 사람들의 생활을 알고 수학적 사고 능력을 기를 수 있도록 한다.

수학 · 조작 영역 전경

(5) 과학 영역

여름의 계절적 특징과 관련된 화보를 게시한다. 예를 들어, 우산이나 우비 등 비 오는 날 필요한 물건과 장마나 집중호우를 대비한 사람들의 모습을 담은 화보를 게시한다. 또한 물이 증발하여 하늘에 구름의 형태로 모이고, 구름이 다시 비가 되어 내리는 과정과 비 온 뒤 개인 하늘(햇빛, 무지개 등의 모습)의 사진을 벽면에 부착한다.

유아들이 채집해 온 곤충과 교사가 준비한 여름철 곤충 표본을 전시한다. 매미, 매미허물, 귀뚜라미, 방아깨비, 메뚜기, 잠자리, 모기, 파리 등의 곤충들을 투명한 통(예: 샬레 또는 카세트테이프 통 등)의 밑바닥에 흰색 도화지나 탈지면을 깔고 넣어 주면 곤충의 형태를 명확히 관찰할 수 있다. 여러 가지 곤충의 생김새 및 생활습성에 관한 화보를 벽면에 게시하고 확대경을 제공한다. 또한 바다 속에서 볼 수 있는 여러 가지 생물들의 사진과 여름방학을 지내면서 수집한 여러 가지 조개, 전복, 소라 껍데기 등을 제시하여 유아들이 바다 생물의 생김새를 살펴볼 수 있도록 한다.

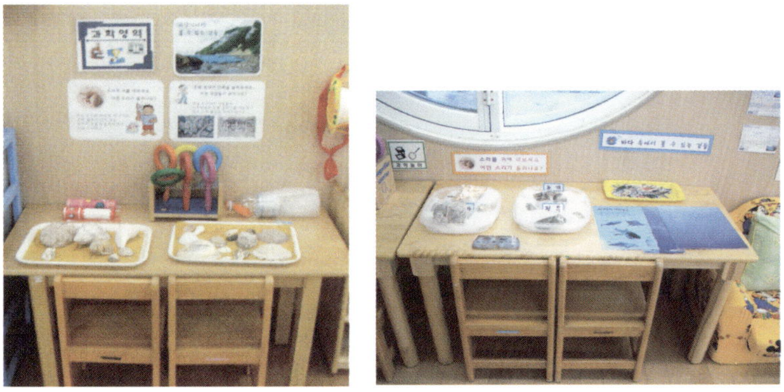

조개 껍데기 관찰하기

(6) 조형 영역

유아들이 교실 외 베란다나 반실외공간에서 물감으로 그림을 그릴 수 있도록 화판, 물감통, 붓, 건조대 등을 준비한다. 또한 여름방학 동안 있었던 일을 표현할 수 있도록 여러 가지 자연물(예: 톱밥, 대패밥, 나무껍질, 조개 껍데기, 돌멩이 등)이나 꾸미기 재료(예: 수수깡, 파란색 비닐끈, 여러 가지 재질의 실, 모래, 물을 들인 색모래 등)를 제공한다.

조형 영역 전경

자연물 꾸미기 재료

(7) 음률 영역

'여름' 생활주제와 관련된 레인 스틱, 오션 드럼, 부채로 만든 악기, 과일 모양의 마라카스 등 다양한 악기들을 제시한다. 한 학기 동안 배운 다양한 노래의 악보를 제공하여 '노랫말 보고 노래 맞히기', '첫 소절 듣고 노래 맞히기' 등의 놀이를 할 수 있도록 한다. 유아들이 수집해 온 다양한 재료(예: 모래, 작은 돌멩이, 조개 껍데기 등)를 넣어 만든 마라카스나 조개를 붙여 꾸민 심벌즈, 요구르트 통을 꾸며서 만든 캐스터네츠 등을 음률 영역에 제공할 수도 있다.

음률 영역 전경

3. 실외 환경 : 마당

모래 놀이 · 물놀이 영역에 유아들이 물놀이를 할 수 있도록 큰 수조, 비닐 작업복, 물놀이 용구(예: 페트병, 호스, 바다 생물 소품 등)를 제시한다. 또한 햇빛을 막을 수 있는 5~6인용 텐트를 마당의 그늘진 곳에 두어 마당 놀이 시간 중간에 유아들이 땀을 식히고 휴식할 수 있도록 한다.

물놀이 영역 전경

물놀이 용구

비닐 작업복

휴식 공간

3장

활동

1. 여름철 날씨와 생활
2. 여름철 안전
3. 여름철 동 · 식물
4. 여름방학

★ 주제별 활동 목록

		여름철 날씨와 생활	여름철 안전	여름철 동·식물	여름방학
자유 선택 활동	쌓기 놀이 영역		배 만들기	수족관 만들기	
	역할 놀이 영역		병원 놀이	과일·야채 가게 놀이	
	언어 영역	여름철 자연의 소리		바다 생물 인형극	
	수학·조작 영역	여름에 필요한 물건 찾기	물놀이에 필요한 물건 패턴 맞추기	바다 생물 낚시 놀이 곤충의 그림자 찾기	
	과학 영역			여름철 꽃의 변화 관찰	김·다시마 관찰하기
	조형 영역	비 오는 모습 그리기 단오 부채 만들기	돛단배 만들기	봉투 물고기 만들기 여름나무 꾸미기	그림작품 정리하기 조개 껍데기 꾸미기·돌꾸미기 파도 그리기 모래 그림 그리기
	음률 영역	여름철 소리 악기 연주하기			
	실외 영역		물놀이 I 배 띄우기	모래밭에 강 만들기	
대소 집단 활동	이야기 나누기	여름철 날씨와 건강 여름 비	여름철 식생활 안전 수영장과 놀이공원에서의 안전한 놀이 물놀이 II 휴 식 눈병 예방하기	바다 생물	1학기 회상하기 교실 정리 1학기 종업일 2학기 개학일 방학 동안 지낸 일 들려주기
	동화·동극·동시	비 내리는 풍경(동화) 여름 낮(동시) 빗방울(동시)	꿀꿀이의 아이스크림 가게(동극)	흉내를 잘 내는 쌩쌩이(동극) 물고기가 제일 좋아요(동극) 나팔꽃(동시)	바다의 웃음(동시) 소라(동시) 바다가 한데 모여(동시)
	노래·음악감상·악기연주	빗방울 전주곡(음악감상)		바윗돌 깨뜨려(노래) 여름 생각(노래) 수 박(노래)	난 여름철이 좋아요(노래) 바닷가에서(노래) 바다는 음악가(노래) 바다 속(노래)
	율동	빗방울		옆에 옆에	
	신체		아이스크림 옮기기(게임)	매미 경주(게임)	조개 껍데기 줍기(게임)
	수학			관상용 물고기 기르기	
	과학	소용돌이 만들기	팥빙수 만들기 과일 주스 셔벗 만들기	방울토마토 수확하기	
	사회	단 오			

※ 본 교재에 수록된 활동은 만 4세 '여름' 생활주제에서 실시하고 있는 교육 활동 중 일부만 소개된 것입니다.

1. 여름철 날씨와 생활

여름철 날씨와 건강 / 여름에 필요한 물건 찾기
/ 여름철 자연의 소리 / 여름철 소리 악기 연주하기 / 여름 비
/ 비 내리는 풍경 / 여름 낮 / 빗방울 / 빗방울 전주곡 / 빗방울
/ 비 오는 모습 그리기 / 소용돌이 만들기
/ 단 오 / 단오 부채 만들기

활동 1 여름철 날씨와 건강

집단형태

대집단활동

활동유형

이야기나누기

활동자료

유치원 마당의 휴식 공간 사진(예: 텐트 안, 나무 그늘 아래, 그늘에 있는 의자 등), 더위를 식히는 방법과 주의할 점을 그린 그림(예: 선풍기나 에어컨 오래 쐬지 않기, 아이스크림이나 팥빙수 많이 먹지 않기, 잠 잘 때 이불 덮기 등)

'여름철 날씨와 건강' 활동자료

활동목표

- 여름철 날씨의 특징을 안다.
- 여름을 시원하고 건강하게 지내기 위한 방법을 알고 실천한다.

활동방법

○ 날씨가 더운 날 마당 놀이를 마친 후 모여 앉아 여름철 날씨의 특징에 대하여 이야기를 나눈다.

- 오늘 마당 놀이를 할 때 날씨가 어땠나요?
  - 맑았다. 구름이 거의 없었다. 더웠다.
- 이렇게 더운 계절을 무엇이라고 할까요?
  - '여름' 이라고 한다.

○ 여름철 적절한 옷차림에 대하여 이야기를 나눈다.

- 오늘처럼 더운 날에는 바깥에서 놀이를 하면 우리 몸이 어떻게 되나요? 어떤 느낌이 나나요?.
  - 땀이 난다. 얼굴이 빨개진다.
- 여름이 되어 덥고 땀이 날 때는 어떤 옷을 입나요?
  - 짧은 옷, 얇은 옷을 입는다.
  - 뜨거운 햇빛이 머리에 직접 닿지 않게 모자를 쓴다.
- 짧은 옷을 입으면 팔과 다리에 햇빛이 직접 와 닿아요. 햇빛을 오래 쏘이면 어떻게 될까요?
  - 햇빛에 들어 있는 자외선을 피부에 오래 쏘이면 해롭다.
  - 피부병에 걸릴 수 있다.
- 햇빛이 강한 날 옷으로 가려지지 않는 피부는 어떻게 보호할까요?
  - 얼굴, 팔, 다리, 피부에 자외선차단 크림을 바른다.

○ 마당놀이를 할 때 조심해야 할 점에 대하여 이야기 나눈다.

- 햇빛이 강한 날 바깥에서 오래 놀면 몸이 어떻게 될까요?
  - 머리가 아프거나 어지러워질 수 있다.
  - 더운 날씨에 마당놀이를 하는 경우 놀이를 하는 중간에 햇빛이 비치지 않는 그늘에 가서 쉬어야 한다.

- (유치원 마당 사진을 보면서) 마당 놀이를 하다가 더우면 어디에서 쉴 수 있을까요?
  - 텐트 안, 나무 그늘 아래, 그늘에 있는 의자에서 쉴 수 있다.
- 목이 마를 때는 어떻게 해야 할까요?
  - 마당 ○○에 준비된 물을 마신다. TIP

○ 그 밖에 여름철 더위를 식히는 방법과 주의할 점에 대해 이야기 나눈다.

- 집에서 시원하게 지내기 위해 어떻게 하나요?
  - 에어컨이나 선풍기를 튼다.
- 하지만 에어컨이나 선풍기를 많이 쐬면 어떨까요?
  - 머리가 아프거나 어지러울 수 있으므로 에어컨이나 선풍기 바람을 오래 쐬면 안 된다.
- 찬 음식을 많이 먹으면 어떻게 될까요?
  - 차가운 음식을 한꺼번에 많이 먹으면 배가 아플 수 있다. 찬 음식을 알맞게 먹어야 한다.
- 어떻게 먹는 것이 알맞은 걸까요?
  - 아이스크림 1개, 음료수 1컵, 팥빙수 1그릇, 수박 1쪽 등
- 잠을 잘 때 덥다고 이불로 배를 덮지 않으면 어떻게 될까요?
  - 배탈이 날 수 있으므로 얇은 이불을 덮는다.

관련활동

- 이야기나누기 '여름 비' (24쪽 참고)

TIP 여름철에는 유아들이 마당 놀이를 하는 중 수시로 물을 마실 수 있도록 마당 한쪽에 유아들이 마실 수 있는 물과 종이컵을 준비해 놓는다.

활동 2

여름에 필요한 물건 찾기

집단형태

자유선택활동

활동유형

수학 · 조작 영역

활동자료

배경판(바다에서 물놀이를 하는 아이, 비를 맞고 가는 아이, 곤충을 잡는 아이, 땀 흘리는 아이), 배경판에 어울리는 물건 그림(튜브, 우산, 포충망, 부채)

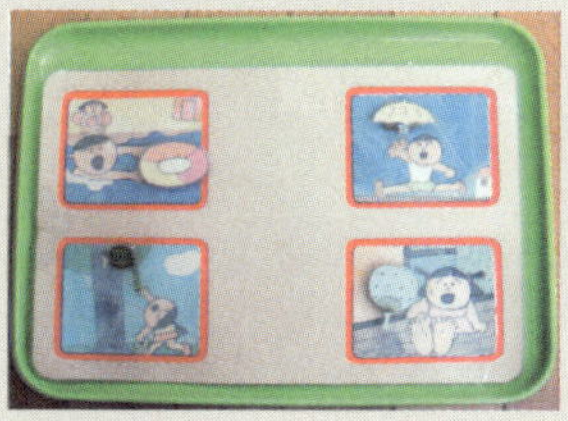

'여름에 필요한 물건 찾기' 수학 · 조작 교구

여름에 필요한 물건 찾기

활동목표

- 여름을 건강하고 즐겁게 보내기 위해 필요한 물건을 안다.

활동방법

○ 교구의 구성물을 살펴본다.

- 어떤 그림들이 있나요? 그림 속 아이들이 무엇을 하고 있나요?
  - 여자아이가 바다에서 물놀이를 하고 있다.
  - 남자아이가 비를 맞으며 걸어가고 있다.
  - 여자아이가 나무에 있는 곤충을 잡으려 하고 있다.
  - 남자아이가 더워서 땀을 흘리고 있다.
- 이 아이들에게 무엇이 필요할까요?
  - 땀을 흘리는 아이는 부채나 선풍기, 에어컨이 필요하다.
  - 나무에 있는 곤충을 잡고 있는 아이는 표충망이 필요하다.
  - 아이가 비를 피할 수 있도록 우산이 필요하다.
  - 물놀이에 공, 튜브가 필요하다.

○ 각 상황에 필요한 물건을 찾아서 배경판 위에 올려놓는다.

- 그림에 필요한 물건들을 찾아 놓아 보세요.

관련활동

- 이야기나누기 '여름철 날씨와 건강' (18쪽 참고)

활동 3 여름철 자연의 소리

활동목표

- 여름철에 들을 수 있는 자연의 소리에 관심을 갖는다.
- 소리를 듣고 분별한다.

활동방법

○ 여름에 들을 수 있는 소리에 대하여 이야기 나눈다.

- 이 소리는 무슨 소리일까요?
  - 매미 소리
- 매미 소리를 들어본 적이 있나요? 매미 소리는 어느 계절에 들을 수 있나요?
  - 여름에 들을 수 있다.
- 어디에서 들었나요?
  - 산에서 들었다.
  - 숲에서 들었다.
  - 나무에서 들었다.

○ 언어 영역에 제시된 듣기 활동을 소개한다.

- 여름에 들을 수 있는 자연의 소리를 듣기 영역에서 들을 수 있도록 준비해 놓았어요.
- CD를 들으려면 어떻게 해야 할까요?
  - CD 플레이어에 초록색 단추(▷)를 눌러서 CD를 튼다.
  - CD에서 나오는 소리를 듣고 무슨 소리인지 알아맞힌다.
  - 소리에 해당하는 그림자료를 찾는다.
  - 그만 듣고 싶을 때는 빨간색 단추(□)를 눌러서 끈다.

○ 방안놀이 시간에 원하는 유아들이 듣기 영역에서 놀이한다.

- 무슨 소리일까요?
- 그림카드를 찾아보세요.

관련활동

- 음률 영역 '여름철 소리 악기 연주하기' (22쪽 참고)
- 음악감상 '빗방울 전주곡' (32쪽 참고)

집단형태

자유선택활동

활동유형

언어 영역

활동자료

여름과 관련된 소리가 녹음된 자료(예: 매미가 우는 소리, 파도치는 소리, 장마철 비가 내리는 소리, 천둥 소리, 모기 소리 등), 각 소리에 해당하는 사진(그림)자료

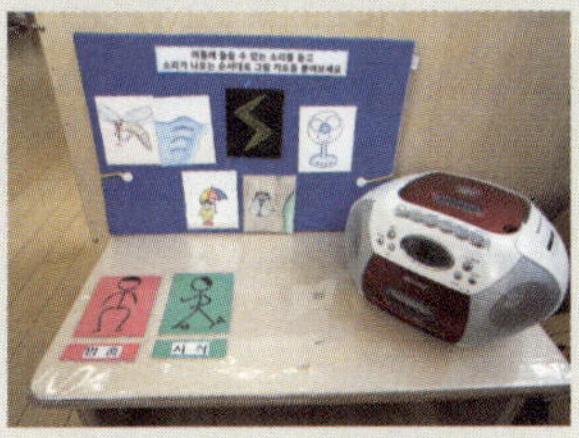

'여름철 자연의 소리' 환경 구성

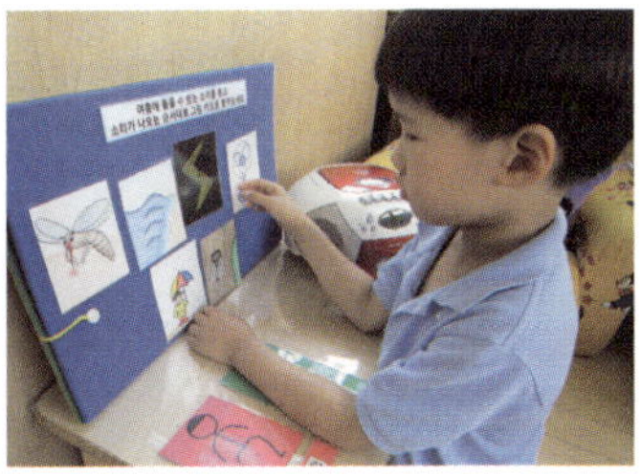

CD 플레이어에서 나오는 소리에 알맞은 카드 찾기

활 동 4

여름철 소리 악기 연주하기

집단형태

자유선택활동

활동유형

음률 영역

활동자료

오션드럼, 스프링드럼, 레인스틱

여름철 소리 악기의 예

활동목표

- 악기에서 들리는 자연의 소리에 관심을 갖는다.
- 악기의 명칭을 안다.
- 바른 방법으로 악기를 연주한다.

활동방법

○ 음률 영역에 준비된 악기를 소개한다.

- 음률 영역에 있는 새로운 악기를 보았나요?
- 악기들을 하나씩 살펴보도록 해요.

○ 오션드럼을 탐색한다.

- 선생님이 들려주는 악기소리를 들어 보세요.
- 어떤 소리처럼 들리나요?
  - 물이 흐르는 소리, 바닷물 소리, 파도소리
- 악기가 어떻게 생겼나요?
  - 동그란 모양이다.
  - 드럼과 비슷하게 생겼는데 드럼보다 얇다.
  - 악기 안에 동그란 구슬이 많이 들어 있다.
- 이 악기는 소리가 바다의 파도 소리와 비슷해서 '오션드럼' 이라고 불러요.
- 오션드럼을 어떻게 연주할까요? TIP
  - 오션드럼을 기울이거나 흔들어서 소리를 낸다.
  - 채로 두드린다.

TIP 악기를 연주할 때에는 교사가 정확한 연주법 시범을 보여준다.

○ 스프링드럼을 탐색한다.

- 선생님이 또 다른 악기 소리를 들려줄 거예요.
- 어떤 소리와 비슷한지 들어 보세요.
- 어떤 소리처럼 들리나요?
  - 물건이 부딪히는 소리, 천둥소리
- 천둥소리와 비슷하게 들리는 이 악기의 이름은 '스프링드럼' 이에요.
- 스프링드럼은 어떻게 생겼나요?
  - 길쭉한 원통 모양이다.

- 용수철이 달려 있다.
- 용수철이 달려 있는 쪽은 막혀 있고 반대쪽은 뚫려 있다.

■ 스프링드럼을 어떻게 연주할까요? TIP

- 용수철을 잡아당겨서 튕기면 소리가 난다.

■ 용수철을 당겼다가 튕기면 통 속에 있는 공기가 떨리면서 소리가 나는 거예요.

○ 레인스틱을 탐색한다.

■ 천둥과 번개가 치면 무엇이 내리나요?

- 비가 내린다.

■ 비 내리는 소리를 들어 본 적이 있나요? 비 내리는 소리가 어떻게 들렸나요?

- 후두두둑, 쏴아, 툭툭툭

■ 비가 내리는 소리를 내는 악기를 가지고 왔어요. 잘 들어 보세요.

■ 악기 소리를 들어 보니 어떤가요?

■ 비가 내리는 소리를 내는 이 악기의 이름은 '레인스틱' 이에요.

■ 레인스틱은 어떻게 생겼나요?

- 둥근 모양의 막대기처럼 생겼다.
- 막대기 속에는 꼬불꼬불한(나선형) 길이 있다.
- 구슬이 많이 들어 있다.

■ 레인스틱에서 어떻게 소리가 날까요? TIP

- 막대기를 천천히 한쪽으로 기울이면 막대기 속에 있는 구슬이 길을 따라 움직이면서 소리가 난다.

○ 방안놀이 시간에 연주할 수 있음을 이야기한다.

■ 방안놀이 시간에 음률 영역에서 이 악기들을 연주해 볼 수 있어요.

관련활동

■ 언어 영역 '여름철 자연의 소리' (21쪽 참고)

■ 음악감상 '빗방울 전주곡' (32쪽 참고)

활동 5

여름 비

집단형태

대집단활동

활동유형

이야기나누기

활동자료

장화, 우비, 우산, 장마나 홍수에 대한 사진자료, 장마나 홍수 피해에 대한 신문기사나 뉴스 보도자료, 노트북, 프로젝터, 스크린, 레이저포인터

활동목표

- 여름철 날씨의 특징을 안다.
- 비의 필요성을 안다.
- 비와 관련된 자연재해의 위험에 대해 안다.

활동방법

○ 비가 올 때 사용하는 물건을 소개한다.

- 어떤 물건이 있나요?
  - 우산, 우비, 장화
- 이 물건들은 언제 사용하나요?
  - 비가 올 때 사용한다.

○ 비가 우리에게 주는 도움에 대하여 이야기 나눈다.

- 비는 생물들에게 어떤 도움을 주나요?
  - 식물들이 자랄 수 있도록 해 준다.
  - 사람들과 동물들이 마실 수 있는 물을 준다.
  - 사람들이 농사를 잘 지을 수 있도록 해 준다.
- 식물, 동물, 사람들 모두 비가 내리고 물이 있어야 살 수 있어요.

○ 비와 관련된 자연재해의 위험에 대하여 이야기 나눈다.

- 만약에 비가 너무 많이 오면 어떤 일이 일어날까요?
  - 길이 물에 잠기기도 한다.
  - 집이나 자동차가 물에 떠내려가기도 한다.
  - 봄에 심은 곡식, 풀 등이 물에 잠겨 농사를 지을 수 없다.
- 짧은 시간에 많은 양의 비가 갑자기 내리는 것을 '집중호우'라고 해요. 집중호우로 인해 건물이나 길이 물에 잠기기도 해요.
- 비가 많이 와서 강의 물이 많아지면 땅으로 넘쳐흐르기도 하는데 이것을 '홍수'라고 해요.
- 요즘처럼 여름에 며칠 동안 많은 비가 내리는 것을 무엇이라고 할까요?
  - '장마'라고 한다.
- 장마가 시작되면 비가 너무 많이 내려 홍수가 나거나 건물과 길이 물에 잠길 수

있어요.

- 비가 많이 오는 날에는 어떻게 지내야 할까요?
  - 어른들은 하수구가 막히지 않도록 점검해서 집에 물이 차지 않도록 한다.
  - 어린이들은 집 밖으로 나가지 않는다.
- 비가 멈춘 후에도 물에 잠긴 길이나 물웅덩이를 지나가면 안돼요.

관련활동

- 동화 '비 내리는 풍경' (26쪽 참고)
- 동시 '빗방울' (30쪽 참고)
- 음악감상 '빗방울 전주곡' (32쪽 참고)
- 율동 '빗방울' (34쪽 참고)
- 조형 영역 '비 오는 모습 그리기' (36쪽 참고)

활 동 6

비 내리는 풍경

집단형태

대집단활동

활동유형

동화

활동자료

그림책을 이용하여 만든 파워포인트 동화 '즐거운 비'(서세옥 · 김향수 지음, 서세옥 그림, 한솔수북) TIP 1

TIP 1 파워포인트 동화자료 제작 시 파워포인트의 애니메이션 효과를 사용하여 먹물로 그리는 느낌과 여백의 미가 잘 드러나도록 한다.

TIP 2 교사가 동화 본문의 운율을 살려 동화를 읽어 주어 유아들이 동화의 분위기를 충분히 느끼며 감상할 수 있도록 한다.

활동목표

- 여름철 날씨의 특징을 안다.
- 수묵화의 아름다움을 느낀다.
- 자신의 생각과 느낌을 그림으로 표현한다.

활동방법

○ 비가 오는 날의 경험을 이야기한다.
- 더운 여름에 비가 내리면 기분이 어떤가요? 어떤 생각이 드나요?
  - 시원하다.
  - 기분이 좋다.
  - 물놀이를 하고 싶어진다.
  - 장화를 신고 물장난을 치고 싶다.

○ 동화를 소개한다.
- 아주 더운 여름날에 비를 기다리던 사람들의 이야기를 들려줄게요.

○ 동화를 듣는다. TIP 2

○ 동화 내용을 회상한다.

○ 동화의 그림을 다시 보며 느낌을 이야기한다.
- 이 동화의 그림은 옛날 우리나라 사람들이 그림을 그리거나 글씨를 쓸 때 사용했던 먹물로 그린 것이에요.
- 다른 그림책의 그림과 어떤 점이 다른가요?
  - 한 가지 색깔로 그림을 그렸다.
- 그림을 보니 어떤 느낌이 드나요?
  - 재미있다.
  - 사람이 움직이고 있는 것 같다.
- 사람을 어떻게 그렸나요?
  - 사람의 얼굴은 점으로 그리고 팔과 다리는 선으로 그렸다.

○ 한지에 먹물과 붓을 사용하여 비오는 날의 모습이나 비 내리는 모습을 표현한다.
- 우리도 이 동화의 그림처럼 먹물로 비 오는 날의 모습을 그려 봅시다.

○ 유아들의 그림에 이야기를 적어 주고 책으로 만들어 언어 영역에 제시한다.

관련활동

- 이야기나누기 '여름 비' (24쪽 참고)
- 동시 '빗방울' (30쪽 참고)
- 음악감상 '빗방울 전주곡' (32쪽 참고)
- 율동 '빗방울' (34쪽 참고)
- 조형 영역 '비 오는 모습 그리기' (36쪽 참고)

활동 7 여름 낮

집단형태

대집단활동

활동유형

동시

활동자료

동시 자료, 게시판, 부채

'여름 낮' 동시자료

TIP 시원한 바람이 부는 장면에서, 교사가 준비한 부채를 부쳐서 유아들이 바람을 느낄 수 있도록 하면 이야기의 재미를 더할 수 있다.

활동목표

- 여름철 날씨의 특징을 안다.
- 의태어 표현을 이해한다.
- 반복된 구절을 낭송하며 운율을 느낀다.

활동방법

○ 더위를 식히는 방법을 이야기한다.

- ○○○반 어린이들은 더울 때 어떻게 더위를 식히나요?
  - 시원한 음식을 먹는다.
  - 바람을 쐰다.
  - 그늘에 앉아서 쉰다.

○ 동시의 내용을 이야기로 들려준다.

- 눈을 감고 선생님이 들려주는 이야기를 들어 보세요. TIP
- 햇볕이 쨍쨍 내리쬐는 더운 여름날, 꽃들이 더워서 땀을 뻘뻘 흘리고 있어요. "아이, 더워! 시원한 바람이 불었으면 참 좋겠다." 그때 어디선가 시원한 바람이 불었어요. 누가 꽃들에게 바람을 만들어 주었을까요?
- 펄럭펄럭, 그건 바로 나비였어요.
- 열심히 하늘을 날던 새들도 너무 더워서 잠시 쉬려고 나뭇가지 위에 앉았어요. "아이, 더워! 시원한 바람 좀 쐬고 싶다." 그때 어디선가 시원한 바람이 불었어요. 누가 새들에게 바람을 보내주었을까요?
- 살랑살랑, 그건 바로 나뭇잎이었어요.

○ 동시를 소개한다.

- 이런 내용을 담은 동시가 있어요. 동시의 제목은 '여름 낮' 이에요. 서정숙 작가가 지었어요.
- 선생님이 동시를 낭송해 볼게요.

○ 교사가 '여름 낮' 동시를 낭송한다.

○ 동시 내용에 대해 이야기 나눈다.

- 나비는 어떻게 부채질을 해 주었나요?
  - 날갯짓을 했다.

- 나뭇잎은 어떻게 부채질을 해 주었나요?
  - 바람에 몸을 살랑살랑 흔들었다.

○ 자료를 사용하여 교사가 동시를 한 번 더 낭송한다.

- 선생님이 동시를 다시 한 번 낭송해 줄 거예요. 이번에는 그림을 보면서 들어 보세요.

○ 교사와 유아가 동시를 나누어서 낭송한다.

- 선생님과 나누어서 동시를 낭송해 봅시다. ○○○반 어린이들이 "아이 더워." 부분을 낭송하면 선생님이 나머지 부분을 낭송할게요.
- 이번에는 바꾸어서 낭송할 거예요.

○ 교사와 유아가 다 같이 동시를 낭송한다.

관련활동

- 이야기나누기 '여름철 날씨와 건강' (18쪽 참고)

동 시

여름 낮

서정숙

꽃들이 덥다고
"아이, 더워!" 졸라대니까
나비가 펄럭펄럭
부채질해요.

새들이 덥다고
"아이, 더워!" 졸라대니까
나뭇잎이 살랑살랑
부채질해요.

활동 8

빗방울

집단형태

대집단활동

활동유형

동시

활동자료

동시자료, 게시판

'빗방울' 동시자료

TIP 빗방울이 맺힌 모습, 빗방울이 움직이는 모습이 담긴 다양한 사진이나 동영상 자료를 보여 주면 유아들이 자신의 생각이나 느낌을 이야기할 때 더 효과적이다.

활동목표

- 빗방울이 움직이는 모습에 관심을 갖는다.
- 의태어 표현을 이해한다.
- 반복된 구절을 낭송하며 운율을 느낀다.

활동방법

○ 비가 오는 날에 빗방울을 본 경험을 이야기한다.

- 비가 오는 날에 창문에 빗방울이 맺힌 모습을 본 적이 있나요?
- 빗방울의 모양이 어땠나요?

○ 동시자료를 조작하며 동시의 내용을 소개한다. TIP

- 비가 주룩주룩 내리는 날, 민석이와 은희는 엄마와 함께 자동차를 타고 집으로 가고 있었어요. 자동차 유리창에 떨어진 빗방울들은 여러 가지 모양으로 움직였어요. 빗방울이 어떤 모양으로 움직이는 것 같나요?

○ 동시를 소개한다.

- 서정숙 작가는 차창에 떨어지는 빗방울의 모습을 동시로 표현했어요. 선생님이 낭송해 볼게요.

○ 교사가 '빗방울' 동시를 낭송한다.

○ 동시를 듣고 난 후의 느낌을 이야기한다.

- 동시를 듣고 나니 어떤 생각이 드나요?
  - 빗방울을 보고 싶다.
  - 빗방울처럼 놀고 싶다.
  - 톡톡 떨어지는 빗방울을 맞아 보고 싶다.
- 서정숙 작가는 빗방울이 어떻게 움직이는 것 같다고 했나요?
  - 톡톡 튕겼다.
  - 추운 것처럼 파르르 몸을 떠는 것 같다.
  - 신이 나서 쪼르르 달리기를 하는 것 같다.
  - 창문을 따라 주루룩 미끄럼을 타는 것 같다.

○ 교사와 유아가 함께 동시를 낭송한다.

관련활동

- 이야기나누기 '여름 비' (24쪽 참고)
- 음악감상 '빗방울 전주곡' (32쪽 참고)
- 율동 '빗방울' (34쪽 참고)

동시

빗방울

서정숙

톡톡 튕기다
파르르 떨다가
쪼르르 달리다
쭈루룩 미끄럼
비오는 날 차 창문은
빗방울 놀이터

활동 9

빗방울 전주곡

집단형태

대집단활동

활동유형

음악감상

활동자료

쇼팽의 '빗방울 전주곡' 음악 CD 또는 테이프(피아노, 바이올린, 첼로 연주곡)

TIP 음악에 대한 유아들의 이해를 돕기 위해 비 오는 날 본 활동을 실시하는 것이 좋다.

활동목표

- 음악을 듣고 비가 내리는 장면을 연상한다.
- 음악을 즐겁게 감상한다.

활동방법

○ 곡을 소개한다.

- 오늘 날씨가 어떤가요? TIP
- 비 내리는 모습을 표현한 음악이 있어요. 이 음악은 '쇼팽'이라는 음악가가 만들고, 피아노로 연주했어요.

○ 쇼팽의 '빗방울 전주곡' 음악을 감상한다.

○ 음악 감상 후 느낌을 이야기 나눈다.

- 음악을 들으니 어떤 모습이 떠오르나요?
  - 하늘에 먹구름이 많고 비가 내리는 것 같다.
  - 우산 위로 빗방울이 떨어지는 것 같다.
  - 비가 조금씩 내리다가 세게 내리는 것 같다.

○ 연주곡의 전반부를 다시 감상한다.

- 이 부분은 비가 어떻게 내리는 것 같나요?
  - 비가 조금씩 천천히 내리는 것 같다.
  - 비가 보슬보슬 내리는 것 같다.

○ 연주곡의 중간 부분을 다시 감상한다.

- 피아노 소리가 어떻게 변한 것 같나요?
  - 피아노 소리가 커졌다.
- 이 부분에서는 조금씩 천천히 내리던 비가 어떻게 내리는 것 같나요?
  - 비가 더 세게 내리는 것 같다.
  - 하늘에 먹구름이 더 많이 생긴 것 같다.
  - 천둥과 번개도 쳤을 것 같다.

○ 연주곡의 후반부를 다시 감상한다.

- 피아노 소리가 어떻게 변했나요?
  - 피아노 소리가 더 빨라졌다.

- 이 부분에서는 어떤 모습이 떠오르나요?
  - 비가 더 세차게 내리는 것 같다.
  - 바람이 많이 부는 것 같다.

○ 다른 악기로 연주된 '빗방울 전주곡'을 감상한다.

- 쇼팽의 '빗방울 전주곡'은 피아노 외에 다른 악기들로 연주하기도 해요. 이번에는 바이올린(첼로)으로 연주된 것을 들어 봅시다.

○ 감상한 뒤의 느낌을 이야기 나눈다.

- 바이올린(첼로)으로 연주된 곡은 느낌이 어떤가요?

관련활동

- 이야기나누기 '여름 비' (24쪽 참고)
- 동화 '비 내리는 풍경' (26쪽 참고)
- 동시 '빗방울' (30쪽 참고)
- 율동 '빗방울' (34쪽 참고)

활동 10 빗방울

집단형태

중집단활동(약 15명)

활동유형

율동

활동자료

비 오는 장면이 담긴 사진, 비가 오는 소리가 녹음된 테이프, 빗방울을 표현한 음악 TIP 1

TIP 1 쇼팽의 '빗방울 전주곡', 비발디의 '사계 중 여름', 이루마의 'kiss the rain', 류이치 사카모토의 'rain' 등 비를 주제로 한 음악을 들려준다.

TIP 2 가급적 비가 오는 날에 활동을 실시하여 유아들이 비를 표현한 음악의 분위기를 충분히 느끼면서 율동할 수 있도록 한다. 빗방울이 떨어지는 창문을 보고 빗방울의 모습과 움직임을 탐색할 수 있다.

TIP 3 교사는 유아들의 움직임을 특정 상황에 비유하여 이야기함으로써 빗방울 표현을 격려한다.

활동목표

- 빗방울이 움직이는 모습에 관심을 갖는다.
- 빗방울의 모습과 비가 내리는 느낌을 음악에 맞추어 표현한다.

활동방법

○ 유아들에게 '빗방울'을 표현한 음악을 들려주고 느낌을 이야기 나눈다.
- 음악을 들으니 어떤 느낌이 드나요? 어떤 모습이 생각나나요?
- 무엇을 표현한 음악일까요?
- 이 음악은 비가 내리는 모습을 표현한 음악이에요.

○ 유아들에게 비에 대한 경험을 이야기해 보게 한다.
- 비가 내릴 때의 모습은 어떤가요? TIP 2
- 비가 오는 소리는 어떤가요?
  - 비가 오는 소리가 녹음된 테이프를 틀어 빗방울 소리를 들려준다.
- 빗소리를 들을 때의 느낌은 어떤가요?
- 나뭇잎 위에 떨어진 빗방울을 본 적 있나요? 나뭇잎 위에 떨어진 빗방울이 어떻게 움직였나요?
- 손이나 얼굴에 빗방울이 떨어진 적이 있었나요? 느낌이 어땠나요? 손과 얼굴에 떨어진 빗방울이 어떻게 움직였나요?

○ 5~6명의 유아가 나와서 음악에 맞추어 빗방울을 몸으로 표현해 본다. 앉아 있는 유아들은 친구들이 어떻게 표현하는지 보도록 한다.
- 빗방울이 되어 몸으로 움직임을 표현해 보세요. 앉아 있는 어린이들은 친구들이 어떤 빗방울이 되어 움직이는지 잘 보세요.
- △△빗방울은 창문에 떨어져서 주루룩- 미끄러져 내려가는 것 같구나.
- ○○빗방울은 나뭇잎 위에 '톡' 하고 떨어지고 있구나. TIP 3

○ 율동을 하거나 친구들이 움직이는 모습을 보면서 느낀 점에 대해 이야기를 나눈다.
- 친구들이 빗방울의 어떤 모습을 표현했나요?
- 또 다른 움직임을 보여 줄 사람이 있나요?

○ 율동을 해보지 않은 유아들이 나와서 율동을 한다.

○ 다 같이 빗방울이 되어 움직여 본다.

관련활동

- 이야기나누기 '여름 비' (24쪽 참고)
- 조형 영역 '비 오는 모습 그리기' (36쪽 참고)
- 동화 '비 내리는 풍경' (26쪽 참고)
- 동시 '빗방울' (30쪽 참고)
- 음악감상 '빗방울 전주곡' (32쪽 참고)

활동 11 비 오는 모습 그리기

집단형태

자유선택활동

활동유형

조형 영역

활동자료

물감으로 빗방울 떨어지는 모습 표현하기 : 흰색 도화지, 물감, 물통, 붓, 걸레
종이 찢어 비 내리는 모습 표현하기: 도화지, 조각 한지(파란색 계통), 풀, 색연필, 사인펜

TIP 1 조형 활동을 시작하기 전 비 오는 날의 풍경을 회상하고 관련된 경험을 이야기나눈다. 비 내리는 모습 사진이나 미술 작품, 비와 관련된 그림책, 빗방울이 떨어지는 소리 및 영상 등 다양한 형태의 자료를 활용한다.

물감 떨어뜨려 비 내리는 모습 표현하기

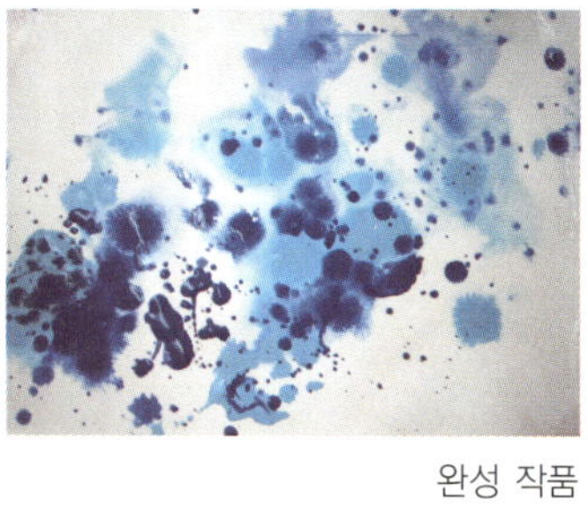

완성 작품

활동목표

- 여름철 날씨의 특징을 안다.
- 비오는 날의 경험을 다양한 조형 재료로 표현한다.

활동방법

○ 비 내리는 모습에 대하여 이야기한다.
- '장마' 라는 말을 들어본 적 있나요? 여러 날 동안 계속해서 비가 내리는 것을 장마라고 해요.
- 장마철에 비가 많이 내리는 모습을 본 적이 있나요?
- 비가 내리는 모습이 어떤가요? TIP 1

○ 비 내리는 모습을 표현할 수 있는 방법에 대해 이야기한다.
- 비가 내리는 모습을 어떤 방법으로 표현할 수 있을까요?
  - 물감을 뿌린다.
  - 종이를 찢어 비가 내리는 것처럼 표현한다.
- 비 내리는 모습을 표현해 봅시다.

| 물감으로 빗방울 떨어지는 모습 표현하기 |

○ 흰색 도화지 뒷면에 이름을 쓴다.

○ 붓에 물을 묻혀서 도화지 위에 골고루 바른다.
- 붓에 물을 묻혀서 도화지에 칠해 보세요.
- 도화지가 어떻게 되었나요?
  - 도화지가 물에 젖는다.
  - 아무 색도 나타나지 않는다.
- 물을 칠한 도화지 위에 물감을 떨어뜨리면 어떻게 될까요?
  - 물감이 번진다.

○ 원하는 색의 물감을 붓에 듬뿍 적셔서 도화지에 군데군데 떨어뜨린다.
- 이제 붓에 물감을 묻혀 도화지 위에 떨어뜨려 보세요. 물감이 어떻게 되었나요?
  - 넓게 번진다.
- 여러 군데 물감을 떨어뜨려 비가 내리는 모습을 표현해 보세요.

○ 다른 색의 물감도 도화지 위에 떨어뜨린다.

○ 물감이 떨어지면서 번지는 모습, 물감의 색이 섞이는 모습을 살펴본다.

○ 건조대에 올려놓고 말린다.

| 종이 찢어 비 내리는 모습 표현하기 |

○ 도화지 뒷면에 이름을 쓴다.

○ 조각 색지를 길게 찢어서 도화지 위에 붙인다.

- 종이로 비가 내리는 모습을 표현하려면 종이를 어떤 모양으로 찢을 수 있을까요?
  - 길쭉한 모양, 빗방울 모양 등
- 종이를 길쭉한 모양, 빗방울 모양으로 찢어서 흰 도화지 위에 붙여 봅시다.

○ 색연필이나 사인펜으로 비 오는 날의 풍경을 그린다. TIP 2

확장활동

- 길게 찢은 종이를 이어 붙인 후 교실 천장에 낚싯줄로 매달아 주면 방안놀이 시간에 유아들이 비 오는 날 상상 놀이를 할 수 있다.

관련활동

- 이야기나누기 '여름 비' (24쪽 참고)
- 동화 '비 내리는 풍경' (26쪽 참고)
- 동시 '빗방울' (30쪽 참고)
- 음악감상 '빗방울 전주곡' (32쪽 참고)

TIP 2 우산을 쓰고 가는 사람, 바닥에 고인 빗물 등 유아들이 비 오는 날의 여러 가지 풍경을 표현할 수 있도록 한다.

완성 작품

활동 12 소용돌이 만들기

집단형태

소집단활동(약 10명)

활동유형

과학

활동자료

소용돌이 사진, 투명한 페트병, 물, 깔때기, 페트병 속에 넣을 물건들(예: 크레파스 조각, 비닐 포장지 조각, 색돌 등)

소용돌이 만들기

활동목표

- 소용돌이의 발생과 움직임에 관심을 갖는다.
- 물속에서의 물체의 움직임을 탐색한다.

활동방법

○ 활동을 소개한다.

- (소용돌이 사진을 보며) '소용돌이'라는 말을 들어 본 적 있나요?
- 소용돌이는 물이 팽이처럼 빙빙 돌면서 흐르는 것을 말해요.
- 투명한 플라스틱 병을 이용해서 소용돌이를 만들어 볼 거예요.
- 어떻게 하면 소용돌이를 만들 수 있을까요?
  - 병을 잡고 앞으로 빠르게 내민다.
  - 병을 돌리다가 갑자기 멈춘다.

○ 플라스틱 병에 물과 다양한 물건을 넣는다.

- 플라스틱 병 안에 물을 넣어 봅시다. 병 입구에 깔때기를 꽂아 보세요. 깔때기를 이용하면 물을 쏟지 않고 병 안으로 잘 흘려보낼 수 있어요.
- 크레파스 조각, 비닐 포장지 조각, 색돌을 넣어 봅시다.
- 물이 쏟아지지 않도록 뚜껑을 꼭 닫으세요.

○ 플라스틱 병을 움직여 소용돌이를 만든다.

- 우리가 생각한 대로 병을 움직여 소용돌이를 만들어 봅시다.

○ 플라스틱 병에 넣은 물건의 움직임을 관찰한다.

- 플라스틱 병 안의 물건들이 어떻게 움직이나요?
  - 크레파스 조각, 비닐 포장지 조각은 물 위에 떠 있다가 병을 흔드니 소용돌이 속 가운데로 들어간다. 소용돌이가 멈추면 다시 물 위에 뜬다.
  - 색돌은 병 아래에 가라앉아 있다가 병을 흔드니 소용돌이 속 가운데로 들어간다. 소용돌이가 멈추면 다시 가라앉는다.

유의점

- 플라스틱 병 안에 물건을 많이 넣으면 물속에서 물체의 움직임을 관찰하기 어렵고 활동을 마친 후 물체를 꺼내기 어려우므로 유의한다.

활동 13 단오

집단형태
대집단활동

활동유형
사회

활동자료
달력, PPT자료(단오의 의미와 풍습에 대한 그림이나 사진자료), 노트북, 프로젝터, 스크린, 레이저포인터

활동목표

- 단오의 의미와 풍습에 대하여 안다.
- 여름철 날씨의 특징을 안다.
- 전통문화에 친숙해지고 관심을 갖는다.

활동방법

○ 단오의 의미에 대하여 이야기 나눈다.

- 오늘은 몇 월 며칠인가요? 며칠이 지나면 ○월 ○일이 되요.
- (달력을 살펴보며) 달력에서 ○월 ○일을 찾아봅시다. 날짜의 밑을 보면 작게 5월 5일이라고 적혀 있어요. 이렇게 작게 쓰여 있는 숫자는 달의 변화를 보고 만든 날짜예요. 이것을 '음력' 이라고 해요.
- ○월 ○일은 음력으로 5월 5일 단오예요.
- 옛날 사람들은 5를 좋은 숫자라고 생각했어요. 그래서 5가 두 번 겹친 5월 5일을 특별한 날로 정하고 '단오' 라고 불렀어요.
- 단오날에 더운 여름을 시원하게 보낼 수 있도록 여러 가지를 준비했어요.

○ 자료를 보면서 단오의 풍습에 대하여 이야기 나눈다.

- (사진이나 그림을 보면서) 사람들이 무엇을 들고 있나요?
  - 부채를 들고 있다.
- 단오에는 서로 부채를 선물하기도 했어요. 왜 부채를 선물했을까요?
  - 부채로 땀을 식히라고 선물로 주었다.
- 단오에는 여러 가지 놀이(씨름, 그네)도 했어요.
- 이것은 무엇을 하는 그림인가요?
  - 여자들이 모여서 머리를 감고 있다.
- 단오에는 창포물에 머리를 감았어요. 이렇게 하면 흰 머리카락이 나는 것을 막을 수 있다고 생각했어요. 창포물에 머리를 감으면 머리카락에서 윤이 나 건강해 보인대요. 또 창포뿌리를 머리에 꽂으면 나쁜 일을 막을 수 있다고 생각했어요.
- 무슨 음식인가요? 무슨 색인가요?
  - 떡이다. 초록색이다.
- 무엇으로 만들었을까요?

TIP 만 5세 학급과 만 3, 4세 학급이 짝을 지어 단오 활동을 교류한다. 언니•형 반 유아들이 짝이 되는 동생 반 유아들에게 앵두화채를 만들어 선물하거나 각 학급에서 부채를 만들어 서로에게 선물한다.

형, 언니들에게 단오에 대한 설명 듣기

창포물에 머리 감기

• 쑥으로 만들었다.

■ 단오에는 쑥으로 만든 떡이나 음식을 먹기도 하고, 앵두화채(오미자차)를 만들어 먹기도 했어요.

○ 단오와 관련된 활동을 소개한다.

■ 우리는 오늘 간식으로 쑥떡(수리취떡)과 앵두화채(오미자차)를 먹을 거예요. 앵두화채는 ○○○반 형, 언니들이 어제 직접 만들었대요. 요리를 설명해 주기 위해 온 형, 언니들에게 앵두화채를 어떻게 만들었는지 들어 봅시다. TIP

■ 마당놀이 시간에는 창포물에 머리를 감을 거예요. 창포물에 머리를 감고 싶은 사람들은 선생님에게 오면 머리를 감겨 줄게요.

유의점

■ 날씨가 맑고 기온이 높을 경우 마당에서 창포물에 머리를 감는다. 단오 일주일 전쯤 말린 창포를 구입하고, 하루 전날 창포를 넣고 끓인 물을 식혀 창포물을 준비한다. 창포물로 머리를 감을 때에는 유아들의 머리카락이 젖을 정도로 창포물을 1~2번 정도만 부어 준다. 개별 수건을 준비하여 젖은 머리의 물기를 닦고 말릴 수 있도록 한다. 실외자유선택활동과 병행하여 진행할 경우 일찍 머리를 감은 유아들은 실외자유선택활동을 하는 동안 자연스럽게 머리카락을 말릴 수 있다. 나중에 머리를 감게 되는 유아들의 경우 마당 놀이 다음 활동에 지장을 주지 않도록 드라이어나 선풍기를 이용해 머리카락을 말려 주도록 한다.

관련활동

■ 조형 영역 '단오 부채 만들기' (41쪽 참고)

활동 14 단오 부채 만들기

활동목표

- 단오의 의미를 안다.
- 단오의 풍습을 알고 체험한다.
- 전통문화에 친숙해지고 관심을 갖는다.

활동방법

○ 활동을 소개한다.

- 며칠 뒤면 음력 5월 5일이 되요. 이 날은 무슨 날인가요?
  - 단오
- 단오에는 여름을 시원하게 보내기 위해 사람들끼리 부채를 선물했어요.
- 우리도 부채를 만들어 서로에게 선물할 거예요.

○ 부채에 대해 이야기 나눈다.

- 부채는 언제, 왜 필요한가요?
  - 날씨가 더울 때 부채를 부치면 바람이 만들어져 시원하다.
- 부채는 어떻게 생겼나요?
  - 막대 모양의 부채를 양옆으로 당기면 안에 접혀 있던 종이가 펴지면서 반원 모양 부채가 된다. 부채의 아랫부분을 잡고 흔들면 바람이 생긴다.
  - 빳빳하고 넓은 판에 막대기를 붙여 손잡이를 만들고 손잡이를 쥐고 흔들면 바람이 생긴다.
- 우리는 이 중에서 막대 손잡이가 있는 부채를 만들어 볼 거예요.

○ 단오부채 본의 모양과 재료를 살펴본다.

- 조형책상에 무엇이 준비되어 있나요?
  - 부채 모양 본, 설압자, 물감, 물통, 붓 등
- 부채 모양 본에 그림을 그려 부채를 꾸밀 거예요.
- 왜 부채 모양 본의 가운데에 칼집을 냈을까요?
  - 그림을 다 그리고 물감이 마른 후 설압자를 끼워 손잡이를 만들 것이다.

○ 물감과 붓을 이용하여 부채 모양 본에 그림을 그린다. TIP 1

○ 건조대에 말린다.

○ 다 마른 부채 모양 본을 반으로 접고 설압자를 끼운다.

집단형태

자유선택활동

활동유형

조형 영역

활동자료

부채, 단오부채 본, 물감, 붓, 물통, 부채의 손잡이로 이용할 설압자, 걸레, 건조대

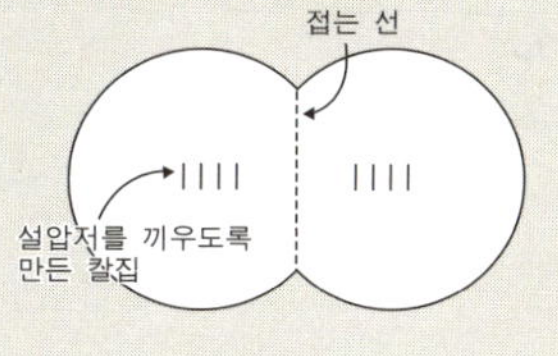

단오부채 본

TIP 1 물감으로 색칠하기 외에 다양한 방법으로 부채를 꾸밀 수 있다. 예를 들어, 붓펜으로 그림을 그려 전통적인 느낌을 표현하거나 한지를 찢어 붙이는 방법 등으로 만든다.

TIP 2 만 5세 학급과 만 3, 4세 학급이 짝을 지어 단오 활동을 교류한다. 각 학급에서 부채를 만들어 서로에게 선물하거나 언니·형 반 유아들이 짝이 되는 동생 반 유아들에게 앵두화채를 만들어 선물한다.

완성 작품

○ 완성한 단오부채를 선물한다.

- 부채를 누구에게 선물할까요?
  - ○○○반 형·언니 **TIP 2**, 부모님, 할머니·할아버지, 친구, 선생님 등

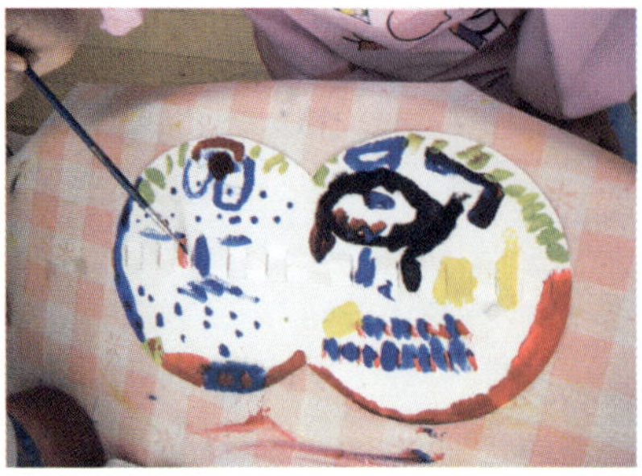

물감으로 꾸며 단오부채 만들기

관련활동

- 사회 '단오' (39쪽 참고)

2. 여름철 안전

여름철 식생활 안전 / 아이스크림 옮기기
/ 꿀꿀이의 아이스크림 가게 / 팥빙수 만들기 / 과일 주스 셔벗 만들기
/ 병원 놀이 / 수영장과 놀이공원에서의 안전한 놀이
/ 물놀이 I / 배 만들기 / 돛단배 만들기 / 배 띄우기
/ 물놀이에 필요한 물건 패턴 맞추기 / 물놀이 II
/ 휴 식 / 눈병 예방하기

활동 1

여름철 식생활 안전

집단형태

대집단활동

활동유형

이야기나누기

활동목표

- 여름철 음식을 먹을 때 주의해야 할 점을 안다.
- 위생적인 식생활 습관을 기른다.

활동방법

○ 여름에 자주 먹는 음식에 대하여 이야기를 나눈다.
- 여름에 어떤 음식을 많이 먹나요?
  - 수박, 참외 등 여름 과일
  - 아이스크림, 음료수, 팥빙수 등 찬 음식
- ○○○반 어린이들이 좋아하는 여름 음식은 무엇인가요?

○ 찬 음식을 많이 먹을 경우 일어날 일에 대하여 이야기를 나눈다.
- 덥다고 해서 찬 음식을 많이 먹으면 어떻게 될까요?
  - 머리가 아프다.
  - 배탈이 난다.
  - 설사를 한다.
  - 입맛이 없어진다.
- 우리 몸의 온도와 차이가 많이 나는 찬 음식을 많이 먹으면 몸의 여러 기관에서 음식을 소화시키지 못해요. 그래서 찬 음식은 한 번에 많이 먹으면 안 돼요.

○ 여름에는 음식이 잘 상하므로 주의해야 함을 이야기한다.
- 여름철에는 날씨가 덥기 때문에 음식이 잘 상해요.
- 상한 음식을 먹으면 어떻게 될까요?
  - 열이 난다.
  - 머리가 아프다.
  - 설사를 한다.
  - 음식물을 토하거나 배가 아프다.
  - 피부에 두드러기가 난다
- 상한 음식을 먹지 않으려면 어떻게 해야 할까요?
  - 음식을 먹을 만큼만 만들어 먹는다.
  - 남은 음식을 냉장고에 보관한다.

• 음식을 익혀 먹는다. 물을 끓여 마신다.
• 냉장고가 아닌 밖에 있는 음식을 함부로 먹지 않는다.

■ 상한 음식에서는 냄새가 나는데 이를 '쉰내' 라고 불러요. 음식에서 이상한 냄새가 나면 그 음식은 먹지 않아야 해요.

관련활동

■ 동극 '꿀꿀이의 아이스크림 가게' (48쪽 참고)
■ 신체(게임) '아이스크림 옮기기' (46쪽 참고)
■ 과학 '과일 주스 셔벗 만들기' (55쪽 참고)
■ 과학 '팥빙수 만들기' (53쪽 참고)

활동 2

아이스크림 옮기기

집단형태

대집단활동

활동유형

신체(게임)

활동자료

아이스크림용 볼풀공, 아이스크림을 옮겨 담을 국자, 아이스크림 컵, 아이스크림용 공을 담을 통, 평가자료(아이스크림 그림), 게시판

아이스크림용 볼풀공과 통, 국자

활동대형

판대형

활동목표

- 여름을 즐겁고 시원하게 보내는 방법을 안다.
- 순발력과 민첩성을 기른다.
- 게임 방법을 알고 규칙을 지키며 게임을 한다.

활동방법

○ 게임자료를 살펴보며 게임방법을 소개한다.
- 선생님 맞은편에 무엇이 놓여 있나요?
  - 아이스크림(볼풀공)이 담긴 통
- 선생님 옆에는 무엇이 있나요?
  - 아이스크림 컵
- 아이스크림을 아이스크림 컵에 담아 오는 게임을 할 거예요. 어떻게 하는 게임인지 잘 들어 보세요.
  - 아이스크림 컵을 들고 출발 준비를 한다.
  - 선생님이 출발 신호를 하면 아이스크림 컵을 들고 아이스크림 통까지 가서 국자로 아이스크림 한 개를 떠 컵에 담는다.
  - 아이스크림을 떨어뜨리지 않고 선생님이 있는 곳까지 돌아온다.

○ 게임 시 지켜야 할 규칙에 대해 이야기한다.
- 만약에 아이스크림을 가져오다가 컵에서 아이스크림이 떨어지면 어떻게 해야 할까요?
  - 아이스크림을 주워서 다시 컵에 담고 끝까지 돌아온다.

○ 게임을 시범 보인다.

○ 게임 평가방법을 이야기한다.
- 규칙을 잘 지키면서 먼저 온 사람이 있는 편에게 아이스크림 카드 한 장을 줄 거예요.
- 모두 게임을 하고 난 다음에 아이스크림 카드 수가 많은 편이 이기는 게임이에요.

○ 게임을 한다.

○ 게임을 평가한다.
- 먼저 △△편의 아이스크림 카드를 같이 세어 보세요. 몇 장인가요?

■ 이번에는 ☆☆ 편의 아이스크림 카드를 같이 세어 보세요. 몇 장인가요?

■ 어느 편의 아이스크림 카드가 더 많나요?

■ 이번 게임은 ☆☆ 편이 이겼어요. 1:0이 되었어요.

○ 2차 게임을 하고 평가한다.

○ 게임 태도에 대해 이야기한다.

■ △△편과 ☆☆ 편 모두 바르게 앉아서 응원을 잘해 주었나요?

■ 서로에게 즐겁게, 열심히 게임해 주었다고 박수쳐 주세요.

○ 게임자료를 정리한다.

관련활동

■ 동극 '꿀꿀이의 아이스크림 가게' (48쪽 참고)

■ 과학 '팥빙수 만들기' (53쪽 참고)

아이스크림 컵에 아이스크림 담기

활동 3 꿀꿀이의 아이스크림 가게

집단형태

대집단활동

활동유형

동극

활동자료

테이블 동화자료, 동극자료 (의사용 왕진가방, 청진기 등)

'꿀꿀이의 아이스크림 가게' 동화자료

TIP 동화 회상 시 특정인물의 특징을 살려 이야기하거나 움직임을 흉내 내 본다. 등장인물의 특징을 잘 살리는 유아의 경우 시범을 보이게 한다.

활동목표

- 찬 음식을 먹을 때 주의해야 할 점을 안다.
- 동화를 주의 깊게 듣고 내용을 이해한다.
- 등장인물의 특징을 말과 행동으로 표현한다.
- 동극을 관람하는 바른 태도를 기른다.

활동방법

○ 동화를 듣고 난뒤 동극을 할 것임을 알려준다.

- 동화를 듣고 동극을 하는 데 필요한 사항을 당부한다.
  - 어떤 등장 인물이 나와서 어떤 말을 하는지 기억하면서 듣는다.
  - 동극을 하기 위해서는 어떤 준비물과 무대가 필요할지 생각하면서 듣는다.

○ 교사가 '꿀꿀이의 아이스크림 가게' 테이블 동화를 들려 준다.

○ 유아들과 동화의 내용과 대사를 회상해 본다. **TIP**

- 아이스크림 가게 주인인 꿀꿀이가 뭐라고 이야기했나요?
  - "아이스크림 사세요! 아이스크림 사세요! 시원하고 맛있는 아이스크림 있습니다."
- 제일 먼저 누가 찾아왔나요?
  - 곰돌이
- 곰돌이가 아이스크림 가게에 어떻게 왔을까요? 앞에 나와서 곰돌이가 오는 모습을 보여 줄 사람이 있나요?
- △△가 곰이 움직이는 것처럼 팔을 앞뒤로 흔들면서 쿵쿵 걸어오는 모습을 보여 주었어요.
- 꿀꿀이가 곰돌이에게 뭐라고 말했나요?
- ○○○반 어린이들이 꿀꿀이가 되어서 말하면, 선생님이 곰돌이가 되어서 말할게요.
- 다음에는 야옹이가 꿀꿀이의 아이스크림 가게에 찾아왔어요.
- ○○○반 어린이들이 야옹이가 되어서 말해요.
- 야옹이가 가고 난 뒤에는 누가 왔나요?
  - 토순이

- 토순이는 어떻게 움직이면서 아이스크림 가게에 왔나요?
- 이번에는 남자 어린이들이 꿀꿀이가 되고, 여자 어린이들이 토순이가 되어서 말해 보세요.
- 마지막으로 코끼리 의사 선생님이 오셨지요?
- 코끼리 의사 선생님은 어떻게 움직이면서 왔나요? 앞에 나와서 코끼리 의사 선생님이 걸어오는 모습을 보여 줄 사람이 있나요?
- ☆☆가 코끼리처럼 코를 길게 만들고 귀를 펄럭이면서 걸어오는 모습을 보여 주었어요.
- 이번에는 여자 어린이들이 꿀꿀이가 되고, 남자 어린이들이 코끼리 의사 선생님이 되어서 말해 보세요.
- 아이스크림을 많이 먹은 꿀꿀이는 어떻게 되었나요?
  - 배가 아파졌다.
- 꿀꿀이가 배가 아파하는 모습을 흉내 내면서 말해 보세요.
  - "아이고, 배야! 배가 아파요."
- 그러자 코끼리 의사 선생님이 달려와서 뭐라고 말했나요?
  - "어디가 아프지? 이런, 아이스크림을 너무 많이 먹어서 배탈이 났구나. 아이스크림은 조금만 먹어야 해요."
- 코끼리 아저씨는 꿀꿀이를 치료해 주었고 꿀꿀이는 코끼리 의사선생님께 감사하다고 인사를 드렸어요.

○ 동극 무대 및 소품을 준비한다.
- 동극을 하려면 무엇이 필요한가요?
  - 아이스크림 가게
- 아이스크림 가게는 어디에 만들까요?
  - 무대 가운데에 만든다.
- 아이스크림 가게를 어떻게 꾸밀까요?
  - 책상을 놓고 책상 위에 여러 가지 아이스크림을 진열한다.
- 아이스크림은 무엇으로 할까요?
  - 우레탄 블록이나 종이벽돌 블록을 아이스크림으로 사용한다.
  - 역할 놀이 영역에 있는 아이스크림을 사용한다.
- 아이스크림 가게를 꾸며 줄 사람이 있나요?
- 또 어떤 물건이 필요한가요?
  - 아이스크림을 살 돈, 코끼리 의사 선생님의 왕진 가방과 청진기가 필요하다.
- 돈(왕진가방, 청진기)은 무엇으로 할까요?

○ 동극의 배역을 정한다.
- 동극을 하기 위해 어떤 역할이 필요한가요?

무대 만들기

- ■ 모두 몇 명이 동극을 할 수 있는지 같이 세어 봅시다.
- ■ 어떤 역할을 하고 싶은지 생각해 보세요.
- ■ 코끼리 의사선생님(토순이, 야옹이, 곰돌이, 꿀꿀이) 역할을 하고 싶은 사람은 손을 드세요.
- ■ 역할을 맡은 사람들은 앞으로 나오세요.

○ 배역을 맡은 유아들이 앞으로 나와 한 줄로 서서 차례로 자기소개를 하고 인사를 한다.

- • "저는 꿀꿀이를 맡은 ○○○입니다."

○ 동극할 준비를 한다.

- ■ 꿀꿀이는 아이스크림 가게로 가세요.
- ■ 동극을 잘 볼 수 있도록 선생님도 자리를 옮길게요. 다른 역할을 맡은 사람들은 선생님 옆에 앉아서 차례가 될 때까지 기다리세요.

○ 동극을 한다.

- ■ 지금부터 ○○○반 어린이들의 '꿀꿀이의 아이스크림 가게' 동극을 시작하겠습니다.

○ 동극이 끝나면 동극을 한 유아들이 인사를 하고 자리에 앉는다.

○ 동극을 평가한다.

- ■ 동극이 재미있었나요? 어떤 점이 재미있었나요?
  - • 곰돌이가 걸어오는 모습이 진짜 곰 같아 보여서 재미있었다.
  - • 꿀꿀이가 아이스크림을 계속 먹는 것이 재미있었다.
  - • 토끼가 깡충깡충 뛰어갔던 것이 재미있었다.
- ■ 어떻게 하면 동극을 더 재미있게 할 수 있을까요?
  - • 앉아 있는 사람들이 잘 들을 수 있도록 동극을 하는 사람들이 조금 더 큰 소리로 이야기하면 좋겠다.
  - • 진짜 동물처럼 흉내를 잘 내면 더 재미있을 것 같다.

○ 두 번째 동극의 배역을 정한다.

○ 배역을 맡은 유아들이 앞에 나와서 자기소개와 인사를 한 뒤 동극을 시작한다.

○ 동극이 끝나면 동극을 한 유아들이 인사를 하고 자리에 앉는다.

○ 유아들과 함께 무대를 정리한다.

동극하기

관련활동

- ■ 이야기나누기 '여름철 식생활 안전' (44쪽 참고)
- ■ 신체(게임) '아이스크림 옮기기' (46쪽 참고)

꿀꿀이의 아이스크림 가게

아주 무더운 여름날이었습니다. 꿀꿀이는 아이스크림 가게를 차렸습니다.

꿀꿀이 아이스크림 사세요! 아이스크림 사세요!
시원하고 맛있는 아이스크림 있습니다.

꿀꿀이가 아이스크림 가게를 차렸다는 소식을 듣고 곰돌이가 찾아왔습니다.

꿀꿀이 안녕하세요? 무엇을 드릴까요?
곰돌이 안녕하세요? 수박맛 아이스크림 주세요.

곰돌이는 수박맛 아이스크림을 먹으며 말했습니다.

곰돌이 야! 시원하고 맛있다.

곰돌이는 아이스크림을 다 먹고 집으로 돌아갔습니다.

꿀꿀이 시원하고 맛있다고? 그럼 나도 한 개 먹어야지.

곰돌이가 맛있게 먹는 것을 본 꿀꿀이는 수박맛 아이스크림 한 개를 먹었습니다.
꿀꿀이가 아이스크림을 다 먹자 이번에는 야옹이가 왔습니다.

꿀꿀이 안녕하세요? 무엇을 드릴까요?
야옹이 안녕하세요? 참외맛 아이스크림 주세요.

야옹이는 참외맛 아이스크림을 먹으며 말했습니다.

야옹이 야! 시원하고 맛있다.

야옹이는 아이스크림을 다 먹고 집으로 돌아갔습니다.

꿀꿀이 시원하고 맛있다고? 그럼 나도 한 개 먹어야지.

야옹이가 맛있게 먹는 것을 본 꿀꿀이는 참외맛 아이스크림 한 개를 먹었습니다.
꿀꿀이가 아이스크림을 다 먹자 이번에는 세 번째 손님인 토순이가 왔습니다.

꿀꿀이 안녕하세요? 무엇을 드릴까요?
토순이 안녕하세요? 복숭아맛 아이스크림 주세요.

토순이는 복숭아맛 아이스크림을 먹으며 말했습니다.

토순이 야! 시원하고 맛있다.

토순이는 아이스크림을 다 먹고 집으로 돌아갔습니다.

꿀꿀이 시원하고 맛있다고? 그럼 나도 한 개 먹어야지.

토순이가 맛있게 먹는 것을 본 꿀꿀이는 복숭아맛 아이스크림 한 개를 먹었습니다.
꿀꿀이가 복숭아맛 아이스크림을 다 먹자, 이번에는 네 번째로 숲 속 나라 의사 선생님인 코끼리 아저씨가 오셨습니다.

꿀꿀이 안녕하세요? 무엇을 드릴까요?
코끼리 안녕하세요? 자두맛 아이스크림 주세요.

코끼리 의사 선생님은 자두맛 아이스크림을 먹으며 말씀하셨습니다.

코끼리 야! 시원하고 맛있다.

코끼리 의사 선생님은 아이스크림을 다 먹은 후 집으로 돌아갔습니다.

꿀꿀이 시원하고 맛있다고? 그럼 나도 한 개 먹어야지.

꿀꿀이는 자두맛 아이스크림 한 개를 허겁지겁 먹었습니다. 그러다가 배가 아파진 꿀꿀이는 얼굴을 찡그렸습니다.

꿀꿀이 아이고, 배야! 배가 아파요.

꿀꿀이는 커다랗게 소리쳤습니다. 그러자 코끼리 의사 선생님께서 달려오셨습니다.

코끼리 어디가 아픈가요?

코끼리 의사 선생님께서 청진기로 진찰하시더니 말씀하셨습니다.

코끼리 이런, 아이스크림을 너무 많이 먹어서 배탈이 났어요. 아이스크림은 조금만 먹어야 해요.

코끼리 의사 선생님은 꿀꿀이의 배를 고쳐 주셨습니다.

꿀꿀이 고맙습니다.

활동 4

팥빙수 만들기

활동목표

- 여름을 시원하게 보내는 방법을 알고 실천한다.
- 여러 가지 재료의 모양, 색깔, 맛, 질감을 탐색한다.
- 음식 조리용 도구와 기계의 사용 방법을 알고 활용한다.

활동방법

○ 요리에 필요한 도구를 소개한다.

- 팥빙수를 만들기 위해 어떤 기계가 필요한가요?
  - 빙수기계
- 빙수기계를 본 적 있나요? 빙수기계는 언제 사용하나요?
  - 얼어 있는 것을 갈 때 사용한다.
  - 얼음 덩어리를 넣고 뚜껑을 닫고 버튼을 누르면 얼음이 잘게 부서져 나온다.

○ 우유를 살펴본다.

- 통 안에 들어 있는 하얀색 얼음 조각은 무엇일까요?
  - 우유를 얼린 것이다.
- 우유는 원래 이렇게 딱딱하게 굳어 있나요?
  - 원래는 물과 같은 액체 상태이다.
- 팥빙수를 시원하게 만들어 먹기 위해서 우유를 냉동실에 넣어 얼려 두었어요.

○ 팥을 살펴본다.

- 이것은 무엇일까요?
  - 팥
- 빙수에 들어가는 팥은 물에 담가 불린 뒤 삶아서 물렁하게 만든 다음, 설탕을 넣고 졸여서 달콤하게 만든 것이에요.

○ 빙수에 넣을 재료(미숫가루, 콘후레이크)를 살펴본다.

- 미숫가루를 먹어 본 적이 있나요? 맛이 어떤가요?
- 미숫가루는 여러 가지 곡식을 갈아서 만든 가루예요. 보통 물이나 우유에 타서 먹어요. 오늘은 팥빙수에 넣어 먹을 거예요.
- 시리얼을 먹어 본 적 있나요? 맛이 어떤가요?
- 시리얼은 곡물로 만든 과자예요. 아침식사로 우유나 주스에 부어 먹기도 해요.

집단형태

소집단활동(약 10명)

활동유형

과학

활동자료

- 재료(1집단 8명 기준): 얼린 우유 200g TIP 1, 얼음 200g, 우유 1000g, 삶은 팥 800g TIP 2, 미숫가루, 시리얼(콘후레이크)
- 기구(1집단 8명 기준): 개인접시와 그릇 8개, 숟가락 8개, 재료를 담을 그릇 재료 수만큼, 계량스푼 재료 수만큼, 얼음집게 2개, 빙수기계 1개
- 기타: 요리용 작업복, 요리보

TIP 1 우유를 얼음틀에 넣어 얼리면 얼음 조각이 되어 빙수 기계에 넣기 편리하다.

TIP 2 유치원에서 팥을 삶아 준비하되 달지 않도록 주의한다.

팥빙수에 시리얼을 넣어 먹을 거예요.

빙수 기계에 얼린 우유 넣고 갈기

빙수 위에 팥 올리기

빙수 위에 콘후레이크 올리기

○ 얼린 우유 조각과 얼음을 집게로 집어서 기계에 넣는다.
- 팥빙수를 만들기 위해 먼저 무엇을 해야 할까요?
  - 팥빙수에 넣을 얼음을 간다.

○ 얼린 우유 조각을 모두 넣은 후 기계를 작동시켜 간다.
- 빙수기계를 작동하여 얼음이 변하는 모습을 살펴봅시다.
- 얼음이 어떻게 변하나요?
  - 얼음이 작은 크기로 깨진다.
  - 작은 조각이 되었다.

○ 얼음 간 것을 개인 그릇에 나누어 담는다.
- 간 얼음을 각자 그릇에 담으세요.

○ 준비한 재료를 얹는다.
- 이제 재료들을 팥빙수 위에 올릴 거예요.
- 다음에는 무엇을 넣을까요?
  - 삶은 팥
- 삶은 팥은 계량스푼으로 두 스푼 넣으세요.
- 이제 계량스푼으로 한 스푼씩 미숫가루와 콘후레이크를 떠서 빙수 위에 올리세요.
- 과일을 빙수 위에 올려 보세요.

○ 완성된 팥빙수를 간식으로 먹는다.

활동 5 과일 주스 셔벗 만들기

활동목표

- 여름을 시원하게 보내는 방법을 알고 실천한다.
- 여러 가지 재료의 모양, 색깔, 맛, 질감을 탐색한다.
- 음식 조리용 도구와 기계의 사용 방법을 알고 활용한다.

집단형태

대집단활동

활동유형

과학

활동자료

주스(오렌지맛, 포도맛), 우유, 주스와 우유를 섞을 그릇, 계량컵, 셔벗을 얼리는 틀

활동방법

○ 셔벗에 대해 소개한다.
- 여름을 시원하게 보내기 위해 어떤 것들을 만들어 먹나요?
  - 아이스크림, 팥빙수, 화채, 셔벗 등
- 오늘은 과일 주스 셔벗을 만들어서 먹어볼 거예요. 셔벗이라는 음식에 대해 알고 있나요?
- '셔벗' 은 과일이나 과일의 즙을 가는 체에 걸러 냉동실에서 얼린 것을 말해요.

○ 셔벗에 필요한 재료들에 대해 이야기한다.
- 과일주스 셔벗을 만들기 위해 어떤 것들이 필요한가요?
  - 과일주스, 우유, 주스를 부어 얼리는 틀이 필요하다.

○ 과일 주스의 종류와 색깔을 살펴본다.
- 어떤 종류의 과일 주스가 준비되어 있는지 살펴봅시다.
  - 포도 주스
  - 오렌지 주스
- 주스의 색깔을 살펴봅시다.

○ 주스와 우유를 섞으며 색깔의 변화를 관찰한다.
- 주스의 색깔이 어떻게 변했나요?
  - 보라색 포도 주스와 흰색 우유가 섞여 연한 보라색이 되었다.
  - 노란색 오렌지 주스와 흰색 우유가 섞여 연한 노란색이 되었다.

○ 주스를 담을 틀의 생김새를 살펴본다.
- 주스를 부어서 얼릴 수 있는 모양 틀이 있어요. 어떤 모양 틀인가요?
  - 아이스크림 모양 틀이다.
  - 틀에 꽂을 수 있는 손잡이가 있다.
- 주스를 모양 틀에 부어 얼리면 어떻게 될까요?

셔벗 만들기

- 주스가 아이스크림 모양처럼 된다.
- 지금은 틀을 조금 움직이면 주스가 찰랑거리지만, 얼면 굳어서 움직이지 않는다.
- 얼어서 차가워진다.
- 얼린 주스가 손잡이에 달라붙는다.

○ 우유와 섞은 주스를 모양 틀에 붓는다.

○ 모양 틀을 냉동실에 넣어 얼린다.

○ 완성된 과일주스 셔벗을 간식으로 먹는다.

관련활동

- 이야기나누기 '여름철 날씨와 건강' (18쪽 참고)
- 노래 '여름 생각' (104쪽 참고)

활동 6 병원 놀이

활동목표

- 병원의 기능에 대하여 안다.
- 병원을 이용하는 방법을 안다.
- 여름을 건강하고 위생적으로 지내는 방법을 안다.

활동방법

○ 병원 놀이 경험에 대해 이야기 나눈다.

- 요즘 역할 놀이 영역에서 무슨 놀이를 하나요?
  - 병원 놀이를 한다.
- 병원 놀이를 어떻게 했나요?
  - 간호사, 약사, 의사, 환자 역할을 맡아서 병원 놀이를 했다.
  - 의사가 환자를 치료해 줬다.
  - 약사가 약을 지어 줬다.

○ 환자 역할에 대하여 이야기 나눈다.

- 환자는 병원에 들어와서 먼저 무엇을 해야 할까요?
  - 접수대로 가서 이름을 말하고 순서를 기다린다.
- 접수대에 가서 간호사에게 자신이 병원에 왜 왔는지를 이야기하고 의사 선생님을 뵐 때까지 기다려야 해요.
- 간호사가 이름을 부르면 어떻게 해야 할까요?
  - 진료실로 들어가서 의사선생님께 진찰을 받는다.
  - 의자에 앉거나 침대에 누워 진료를 받는다.
- 의사 선생님께 처방전을 받아서 어디로 가야 할까요?
  - 약국에 가서 약을 산다.

○ 간호사와 의사 역할에 대하여 이야기를 나눈다.

- 간호사와 의사는 어디에 있어야 할까요?
  - 간호사는 접수대에, 의사는 진료실에 있다.
- 간호사는 환자가 오면 뭐라고 인사할까요?
  - "안녕하세요.", "어디가 아파서 오셨어요?"
  - "이름과 연락처를 써 주세요."

집단형태

자유선택활동

활동유형

역할 놀이 영역

활동자료

병원놀이에 필요한 가구(예: 책상, 의자, 접수대, 간이침대 등) 및 소품(예: 장난감 의료기구: 주사기, 청진기, 약통, 가운, 모자, 반사경 등)

접수하기

약국에서 약 받기

진찰하기

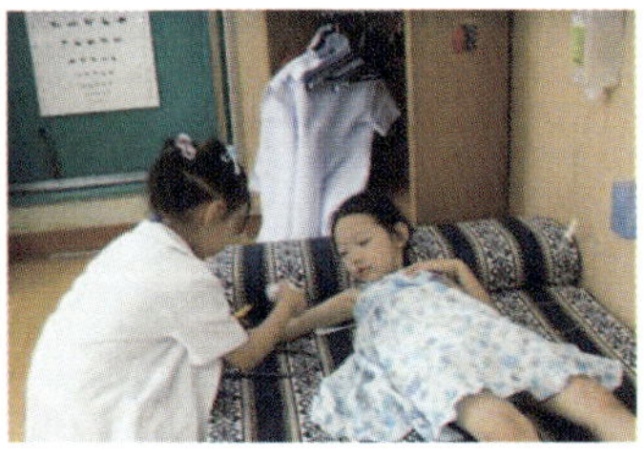
치료하기

수술하기

- 의사는 환자를 어떻게 진찰하고 치료하나요?
  - 청진기를 가슴에 대고 심장 소리를 듣는다.
  - 엑스레이 촬영한 것을 보여 주면서 설명해 준다.
  - 주사를 놓아 준다.
  - 수술하고 붕대를 감아 준다.

○ 역할을 정하고 놀이한다.

○ 놀이를 평가한다.

- 병원 놀이를 할 때 어떤 점이 재미있었나요?
- 불편했던 점이 있었나요? 무엇이 불편했나요?
  - 의사와 간호사는 많은데 환자가 오지 않아 심심했다.
  - 병원놀이 기구들이 바닥에 떨어져 있어서 다니기가 불편했다.
- 어떻게 하면 불편하지 않게 놀이할 수 있을까요?
  - 환자와 의사, 간호사 역할을 돌아가면서 한다.
  - 사용했던 물건을 제자리에 정리해 둔다.

유의점

- 교사는 놀이가 발전되는 과정을 관찰하고 수시로 놀이를 평가한다. 놀이에 더 필요한 것이 있는지 이야기 나누고 필요한 것을 추가로 준비하며 놀이를 확장해 나간다.

관련활동

- 이야기나누기 '여름철 식생활 안전' (44쪽 참고)

활동 7 수영장과 놀이공원에서의 안전한 놀이

활동목표

- 실외 안전사고의 종류와 원인을 안다.
- 실외에서 안전하게 놀이하는 태도를 기른다.

집단형태

대집단활동

활동유형

이야기나누기

활동방법

○ 여름방학 동안 할 수 있는 놀이에 대해 이야기 나눈다.

- 여름방학을 하면 무엇을 가장 하고 싶나요? 가 보고 싶은 곳이 있나요?
  - 수영장에 가고 싶다.
  - 바다에 가고 싶다.
  - 가족과 여행을 가고 싶다.
  - 놀이공원에 가고 싶다.
- 놀러 갈 때 조심해야 할 점에 대해서 알아봅시다.

○ 물놀이 장소에서 조심해야 할 점에 대해 이야기 나눈다.

- 물놀이를 하러 어디로 갈 수 있을까요?
  - 수영장, 바다, 계곡 등
- 물놀이를 할 때 조심해야 할 점이 있어요.
  - 음식을 먹은 직후에는 물놀이를 하지 않는다.
  - 물에 들어가기 전에 준비운동을 한다.
  - 구명조끼를 입는다.
  - 반드시 어른들과 함께 물에 들어간다.
  - 30분 물놀이 후에는 10분 휴식을 한다.
  - 계곡 바닥에 날카로운 돌이 있으므로 신발을 신는다.

○ 놀이공원에서 조심해야 할 점에 대해 이야기 나눈다.

- 놀이공원에서는 무엇을 조심해야 할까요?
  - 어린이용 놀이기구만 탄다.
  - 안전요원의 지시를 잘 듣고 지킨다.
  - 놀이공원이 넓고 사람들이 많아 혼자 돌아다니면 부모님을 잃어버릴 수 있으므로 꼭 어른들과 함께 다닌다.

관련활동

- 이야기나누기 '여름철 식생활 안전' (44쪽 참고)

활 동

8 물놀이 Ⅰ

집단형태

자유선택활동

활동유형

실외 영역

활동자료

물놀이용 수조, 물놀이용 도구(예: 여러 가지 크기로 구멍을 뚫은 페트병TIP, 플라스틱 그릇, 깔대기, 다양한 굵기와 길이의 고무호스, 물에 뜨는 물놀이용 놀잇감, 스포이드, 바늘을 제거한 주사기 등), 물놀이용 방수 작업복, 수건, 옷걸이

물놀이 환경구성

TIP 페트병에 전동 드릴로 다양한 크기의 구멍을 여러 위치에 뚫어 유아들이 구멍의 크기와 위치에 따라 물이 떨어지는 모습을 탐색할 수 있도록 한다.

구멍을 뚫은 페트병 예

활동목표

- 여름철에 할 수 있는 놀이를 안다.
- 다양한 도구의 사용 방법을 알고 물놀이에 활용한다.

활동방법

| 물놀이 영역 및 물놀이 도구 소개하기 |

○ 마당놀이를 하러 나가기 전, 교실에 모여 앉아 마당의 물놀이 영역에 대해 소개한다.

- 날씨가 더워져서 시원하게 물놀이를 할 수 있도록 마당에 물놀이 영역을 준비했어요. 물놀이를 하고 싶은 사람은 작업복을 입고 물놀이를 하세요.

○ 물놀이를 희망하는 유아들이 마당의 물놀이 영역에 모인다.

- 무엇이 있나요?
  - 수조, 깔대기, 스포이드, 고무호스 등
- 어떻게 사용하는 것일까요?

○ 활동방법을 소개한다.

- 먼저 옷이 물에 젖지 않도록 작업복을 입으세요. 그리고 원하는 놀잇감을 골라 물놀이용 수조에 가져가서 놀이하세요.
- 물놀이를 마친 사람은 도구를 정리하고, 작업복을 벗어 옷걸이에 바르게 걸어 놓으세요.
- 정리를 한 뒤 수돗가에서 비누로 손을 씻고 수건으로 물기를 닦으세요.

○ 물놀이를 할 때 유의할 점에 대해 이야기를 나눈다.

- 물놀이를 할 때에는 어떤 점을 주의해야 할까요?
  - 다른 사람에게 물이 튀지 않도록 조심한다.

| 물놀이 하기 |

○ 물놀이를 할 유아들과 물놀이용 수조 근처로 모인다.

○ 구멍의 크기, 위치, 수에 따른 물의 흐름에 대해 이야기를 나눈다.

- 같은 양의 물을 담았을 때 구멍의 크기가 큰 통과 구멍의 크기가 작은 통 중 어느 쪽 물이 빨리 없어질까요?
- 구멍의 수가 많은 통과 구멍의 수가 적은 통 중 어느 쪽 통의 물이 빨리 없어질까요?

■ 구멍이 위쪽에 뚫린 통에서 물이 떨어지는 모습은 어떤가요? 아래쪽에 뚫린 통에서 물이 떨어지는 모습은 어떤가요?

○ 물놀이가 끝난 다음에는 도구와 작업복을 정리하고 손을 씻는다.

유의점

■ 유아들이 물놀이용 도구를 입에 대거나 물을 마시지 않도록 지도한다. 또한 유아들이 귀가한 후 물놀이용 수조를 깨끗이 닦고 수조에 담긴 물은 매일 교체하여 청결과 위생을 관리한다.

수조에서 물놀이하기

활동 9

배 만들기

집단형태

자유선택활동

활동유형

쌓기 놀이 영역

활동자료

다양한 블록(예: 유니트 블록, 종이벽돌 블록 등), 돛으로 사용할 수 있는 세모 모양의 부직포, 배의 외부·내부 사진(예: 돛단배, 여객선, 군함, 선장실, 객실 등)

배 만들기

활동목표

- 배의 종류와 기능에 대해 안다.
- 배의 구조를 알고 블록으로 구성한다.
- 친구들과 협력하는 태도를 기른다.

활동방법

○ 쌓기 놀이를 하는 유아들과 배를 타 본 경험에 대해 이야기를 나눈다.

- 배를 본 적이 있나요? 어디에서 봤나요?
- 배를 직접 타 본 적도 있나요? 어떻게 생긴 배를 타 보았나요? 누구와 함께 탔나요? 배에서 무엇을 했나요?

○ 배 만들기 계획을 세우고 배를 만든다.

- 배를 함께 만들어 봅시다. 어떤 배를 만들까요?
  - 강을 떠다니며 주변을 구경하는 유람선
  - 강이나 바다를 건너기 위한 돛단배
- 어떤 블록으로 만들까요?
  - 큰 종이벽돌 블록
- 배 안은 어떻게 만들까요?
  - 선장이 배를 조종하는 곳(조타실)을 만든다.
  - 밥을 먹을 수 있는 식당을 만든다.
  - 여행하는 사람들이 잘 수 있는 객실을 만든다.
- 배에는 무엇이 있어야 할까요?
  - 돛을 달아야 한다.
  - 튜브, 밧줄이 있어야 한다.
  - 배를 운전하는 핸들(키)이 있어야 한다.
  - 사람들이 앉을 수 있는 의자도 필요하다.
- 돛은 어떻게 만들 수 있을까요?
  - 종이나 천을 자르고 꾸며서 만든다.
- 돛을 어떻게 붙일 수 있을까요?
  - 막대기나 휴지 속심, 블록 등에 테이프로 고정해서 배 안에 세운다.

배에 돛 달기

○ 완성한 배를 이용해서 항해하는 놀이를 한다.

완성된 배에서 놀이하기

관련활동

- 조형 영역 '돛단배 만들기' (64쪽 참고)
- 실외 영역 '배 띄우기' (66쪽 참고)

활동 10

돛단배 만들기

집단형태

자유선택활동

활동유형

조형 영역

활동자료

여러 가지 용기(예: 세로로 자른 우유곽, 세로로 잘라서 맞붙인 종이컵, 플라스틱 용기, 스티로폼 용기, 알루미늄 도시락, 플레인 요구르트 통 등), 돛대 TIP 1, 돛 TIP 2, 꾸미기 재료(예: 수수깡, 모루, 빨대 자른 것, 조각 부직포, 색공 등), 유성 매직펜, 무독성 본드, 본드 받침, 셀로판 테이프

조형 재료 세팅

TIP 1 나무젓가락, 빨대, 수수깡 등으로 돛대를 만든 후 배의 바닥에 붙이기 쉽도록 받침대를 붙여 놓는다.

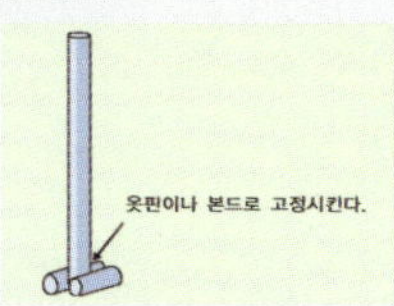

받침대를 붙인 돛대의 예

TIP 2 코팅 파지를 다양한 모양으로 오려 돛을 준비해 놓는다.

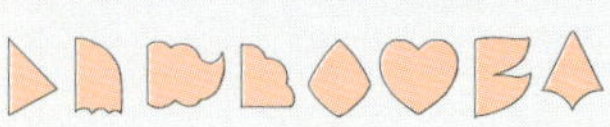

여러 가지 모양 돛의 예

활동목표

- 돛단배의 생김새를 안다.
- 다양한 조형재료를 이용하여 배를 구성한다.

활동방법

○ 유아들에게 만들고 싶은 배의 모양을 생각하게 한다.
- 어떤 모양 배를 만들고 싶나요?

○ 배를 만들 용기를 고른 후 유성 매직펜으로 이름을 쓴다.
- 배를 만들 때 필요한 용기를 고르고 이름을 써 보세요.

○ 배를 꾸민다.
- 다양한 재료로 배를 아름답게 꾸며 보세요.

○ 돛대를 꾸민다.
- 원하는 모양의 돛을 골라 보세요. 돛에 유성 매직펜으로 그림을 그리거나 조각 부직포 등을 붙여서 꾸며 보세요.
- 다 꾸민 돛을 돛대에 붙여 봅시다.

○ 돛대를 배에 붙인다.
- 돛대의 받침대를 배에 붙여 봅시다. 돛대 밑받침에 본드를 묻혀 배의 바닥에 붙이세요.

반으로 자른 종이컵을
맞붙여 만든 돛단배

반으로 자른 우유곽으로
만든 돛단배

유의점

- 배로 쓰이는 용기는 물에 가라앉지 않는 것으로 사용한다. 배를 꾸미는 재료 또한 물이 스며들지 않는 것으로 준비한다.

- 돛대를 배에 붙일 때에는 배가 넘어지지 않도록 균형이 잘 맞는 위치에 붙인다.

관련활동

- 실외 영역 '배 띄우기' (66쪽 참고)
- 쌓기 놀이 영역 '배 만들기' (62쪽 참고)

활동 11 배 띄우기

집단형태

자유선택활동

활동유형

실외 영역

활동자료

유아들이 만든 배, 간이수영장, 물

TIP 유아들이 만든 배가 물에 잘 뜨지 않을 경우 유아와 함께 이유를 생각해 본다(예: 돛을 한쪽으로 치우쳐 달아 배의 균형이 잘 잡히지 않는다./배에 물이 샌다.). 이야기 나눈 내용을 반영하여 배의 문제점을 수정한 후 다시 물에 띄워본다.

입으로 불어 배를 앞으로 나아가게 하기

물을 휘저어 출렁이게 하여 배를 앞으로 나아가게 하기

활동목표

- 배가 물 위에 뜨는 현상에 관심을 갖는다.
- 여름을 시원하고 즐겁게 보내는 태도를 기른다.

활동방법

○ 배를 띄우기 위해 필요한 것에 대해 이야기를 나눈다. **TIP**

- 우리가 만든 배를 띄우려면 무엇이 있어야 할까요?
    - 배를 띄울 수 있을 만큼 넓은 곳과 물이 있어야 한다.
- 간이 수영장에 물을 채워 두었으니 배를 띄워 보도록 해요.

○ 유아들과 함께 배를 띄운다.

- 배를 물 위에 띄워 보세요.
- 배가 물 위에 잘 뜨나요? **TIP**
- 배를 앞으로 나아가게 하려면 어떻게 해야 할까요?
    - 입으로 바람을 분다.
    - 물을 휘저어 물결을 일으킨다.
    - 부채로 바람을 일으킨다.

○ 유아들이 생각한 방법대로 배를 움직여 본다.

○ 배 띄우기 놀이를 더 재미있게 할 수 있는 방법에 대해 이야기를 나눈다.

- 어떻게 하면 배 띄우기 놀이를 더 재미있게 할 수 있을까요?
    - 배에 인형을 태워 본다.
- 또 어떤 곳에서 배를 띄울 수 있을까요?
    - 모래놀이터에 강을 만들어 배를 띄워 본다.

관련활동

- 조형 영역 '돛단배 만들기' (64쪽 참고)
- 실외 영역 '모래밭에 강 만들기' (85쪽 참고)
- 쌓기 놀이 영역 '배 만들기' (62쪽 참고)

활동 12 물놀이에 필요한 물건 패턴 맞추기

활동목표

- 물놀이를 할 때 필요한 물건을 안다.
- 반복되는 배열에서 규칙을 찾고 예측한다.

활동방법

○ 여름방학 동안 물놀이를 한 경험에 대해 이야기를 나눈다.

- 방학 동안 해수욕장이나 계곡, 수영장에 가서 물놀이를 해본 적이 있나요?
- 물놀이를 할 때 어떤 물건들이 필요한가요?
    - 튜브, 물안경, 수영복, 공 등

○ 교사가 그림카드 패턴을 시범 보인다.

- 무엇이 있나요?
    - 물놀이를 할 때 필요한 물건들의 그림카드, 그림카드를 놓을 판
- 그림카드 판에 그림을 순서대로 붙여 볼게요.
- 선생님이 맨 처음에 어떤 그림을 붙였나요?
    - 공
- 그 다음에는 어떤 그림을 붙였나요?
    - 튜브
- 튜브 다음에는 어떤 그림을 붙였나요?
    - 물안경
- 물안경 다음에는 빈 칸으로 놓을게요. 그리고 빈 칸 다음에는 튜브를 붙일 거예요.
- 튜브 다음에는 물안경이 있어요. 어떤 그림들이 반복되는 것 같나요?
    - 공과 튜브, 물안경 그림이 순서대로 반복되고 있다.

○ 그림카드 판의 빈 칸에 알맞은 그림카드를 붙인다.

- 빈 칸에는 어떤 그림이 어울릴까요?

○ 유아들이 패턴을 만들어 본다.

관련활동

- 이야기나누기 '물놀이 II' (68쪽 참고)
- 이야기나누기 '수영장과 놀이공원에서의 안전한 놀이' (59쪽 참고)

집단형태

자유선택활동

활동유형

수학 · 조작 영역

활동자료

물놀이를 할 때 필요한 물건 그림카드(예: 공, 튜브, 물안경, 오리발, 수영복 등), 그림카드 판

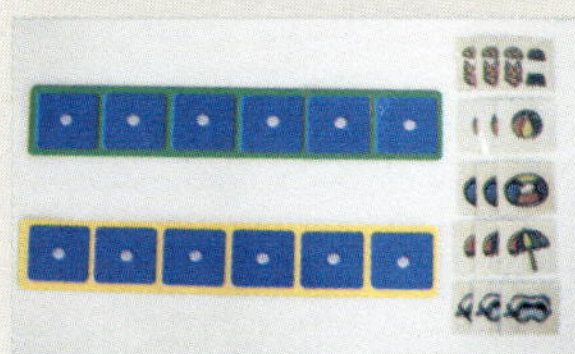

'물놀이에 필요한 물건 패턴 맞추기' 수학 · 조작 교구자료

활동 13 물놀이 Ⅱ

집단형태

대집단활동

활동유형

이야기나누기

활동자료

- 개별 준비물: 유아의 이름을 쓴 속옷 또는 수영복, 수건, 비닐봉투 또는 가방
- 공동 준비물: 유아들이 물속에 들어가 놀이할 수 있는 간이용 수영장, 긴 호스, 발판, 비닐봉투 등

물놀이 환경구성

TIP 1 두 학급이 함께 마당 놀이 시간을 맞추어 한 교실은 여아 탈의실, 다른 한 교실은 남아 탈의실로 사용한다. 마당 놀이를 실시하는 시간을 맞추기 어려운 경우 교실 안에 가림판을 설치하거나 시차를 두어 남아와 여아가 따로 옷을 갈아입을 수 있도록 한다.

활동목표

- 여름을 시원하고 신나게 보내는 방법을 안다.
- 여름을 건강하고 안전하게 보내는 방법을 알고 실천한다.
- 물놀이 약속을 알고 지킨다.

활동방법

| 물놀이에 대한 이야기 나누기 |

○ 물놀이를 하기 전 날 유아들에게 물놀이 활동을 안내한다.

- 햇볕이 쨍쨍 내리쬐는 더운 날, 유치원에서 물놀이를 할 거예요. 물놀이를 하려면 무엇이 필요한가요?
  - 수영복, 수건, 가방, 슬리퍼 등이 필요하다.
  - 자기 물건에 이름을 써서 유치원으로 가져온다.

○ 물놀이를 하러 마당에 나가기 전 물놀이에 대해 이야기한다. 이때 물놀이 용구를 가지고 오지 않았으나 물놀이를 하고 싶어 하는 유아들의 경우 여벌옷이 있으면 물놀이를 하게 한다.

- 오늘 유치원에서 물놀이를 할 거예요. 물놀이에 필요한 준비물을 가져왔나요? 무엇을 가지고 왔나요?

○ 유치원에서 물놀이하는 방법을 소개한다.

- 여러 사람들이 즐겁고 안전하게 물놀이를 하려면 정해진 순서와 방법으로 물놀이를 해야 해요. 물놀이를 어떻게 할 것인지 이야기해 줄게요. 잘 들어 보세요.
- 먼저 남자 어린이는 ○○○반에서, 여자 어린이는 △△△반에서 수영복을 갈아입어요. **TIP 1**
- 물놀이를 하기 전 준비 체조를 해야 해요. 준비 체조는 왜 하는 것일까요?
  - 물에 들어갔을 때 몸에 무리가 가지 않도록 몸을 준비시킨다.
- 준비 체조를 했더라도 갑자기 몸에 차가운 물이 닿으면 심장이 놀라 멈출 수 있기 때문에 심장에서 멀리 떨어진 손, 발부터 물을 묻힌 후에 물놀이를 해야 해요.
- 물놀이를 마친 후에는 어떻게 해야 할까요?
  - 선생님이 몸을 씻겨 주면 수건으로 몸을 닦고 자기 옷을 놓아둔 곳으로 가서 옷을 갈아입는다.

■ 물놀이를 하고 싶지 않거나 물놀이를 마친 사람은 마당에서 마당놀이를 하면 되요. TIP 2

○ 안전한 물놀이를 위해 주의해야 할 점에 대해 이야기를 한다.

■ 안전하게 물놀이를 하기 위해서 꼭 지켜야 할 약속이 있어요. 어떤 약속을 지켜야 할까요?

• 물 때문에 바닥이 미끄러워 넘어질 수 있으므로 걸어 다닌다.

• 뒤로 넘어갈 수 있으므로 간이용 수영장(비닐로 된 pool)의 턱에 걸터앉지 않는다.

| 물놀이하기 |

○ 수영복으로 갈아입는다. TIP 3

■ 어디에서 수영복을 갈아입을까요?

• 남자 어린이들은 ○○○반 교실에서, 여자 어린이들은 △△△반 교실에서 갈아입는다. TIP 1

■ 갈아입은 옷은 어떻게 해야 할까요?

• 가방에 담아 책상 위(바닥 혹은 준비된 바구니)에 잘 놓는다.

• 물놀이 후 바로 몸의 물기를 닦을 수 있도록 수건을 꺼내 가방 위에 놓아둔다.

■ 옷을 다 갈아입은 사람은 선생님 앞에 줄을 서세요.

○ 마당에서 준비 체조를 하고 물로 몸을 적신 후에 물놀이를 한다. 교사는 유아들이 안전하게 물놀이를 할 수 있도록 지도한다.

○ 물놀이가 끝나면 몸을 닦고 옷을 갈아입는다. TIP 4

■ 물놀이를 마친 후에는 무엇을 해야 할까요?

• 물놀이를 마치고 싶은 유아들은 수돗가에 설치해 놓은 샤워장으로 가서 몸을 씻는다.

• 정해진 탈의 장소로 가서 개인 수건으로 머리와 얼굴, 몸을 닦고 옷을 갈아입는다.

• 젖은 수영복은 수건과 함께 비닐봉투나 가방에 담아서 귀가 시, 집으로 보낸다.

유의점

■ 7월 생활예정안을 통해 날씨가 통상 30℃를 넘는 날 마당에서 물놀이를 실시함을 알리고 필요한 준비물(예: 수영복, 수건, 여벌옷 등)에 이름을 써서 비닐 주머니나 가방에 담아 보내 줄 것을 부모님께 알린다.

■ 물놀이를 하는 날 아침에 교사는 물놀이의 준비상황을 점검한다.

• 유치원 마당 바닥에 돌멩이나 뾰족한 물건에 발을 다치는 일이 없도록 점검한다.

• 유치원 마당에 물이 잘 빠지면서도 미끄럼이 방지되는 깔개를 깔고 그 위에 간이용 수영장을 놓는다. 물은 아침에 미리 받아 두어 적당한 온도를 유지하도록 한다.

TIP 2 물놀이를 실시하기 전 교사는 부모님(보호자)으로부터 유아의 물놀이 참여에 대한 의견을 파악한다. 또한 물놀이에 참여하고 싶지만 물놀이에 필요한 물건을 가져오지 못한 유아들이 속상해 하지 않도록 배려한다.

TIP 3 옷 갈아입기, 샤워하기 등 성인의 도움이 많이 필요하므로 사전에 부모님께 연락을 드려 도움을 청한다.

TIP 4 장소가 혼잡하지 않도록 시차를 두어 유아들이 몸을 닦고 옷을 갈아입도록 한다.

준비운동하기

물놀이하기

• 물놀이를 하기 직전에 스프링클러와 호스가 수도꼭지에 잘 고정되어 있는지 점검한다.

• 물놀이 후 몸을 씻을 수 있도록 수돗가 근처에 샤워기를 이용하여 샤워장을 마련한다. 또한 몸을 씻고 몸에 수건을 두른 유아들이 교실로 곧장 갈 수 있도록 샤워장에서부터 교실 입구까지 미끄럼 방지 발판을 놓는다.

관련활동

- 실외 영역 '물놀이 I' (60쪽 참고)
- 수학 · 조작 영역 '물놀이에 필요한 물건 패턴 맞추기' (67쪽 참고)
- 이야기나누기 '수영장과 놀이공원에서의 안전한 놀이' (59쪽 참고)

활동 14 휴식

활동목표

- 휴식의 필요성을 안다.
- 유치원에서 휴식하는 방법을 안다.
- 휴식을 통해 몸과 마음을 편안하게 한다.

활동방법

○ 마당 놀이가 끝난 후 놀이 후의 느낌, 몸의 변화에 대해 이야기한다. TIP 2

- 오늘 마당에서 놀 때 날씨가 어땠나요?
  - 더웠다.
- 날씨가 더운데 마당에서 뛰어노니 몸이 어땠나요?
  - 땀이 많이 났다. 머리가 뜨거워졌다. 기운이 없었다. 힘들었다.
- 이렇게 기운이 없고 몸이 뜨거울 때, 땀을 많이 흘릴 때 햇볕을 쐬며 계속 놀이하면 될까요?
  - 몸 안의 물이 땀으로 많이 빠져나가 몸에 힘이 없어진다.
  - 일사병에 걸릴 수 있다.
- 더운 날씨에 마당에서 놀이할 때는 어떻게 해야 할까요?
  - 그늘에서 자주 쉰다.
  - 물을 마시며 땀을 식힌다.
  - 놀이를 마친 후 충분히 쉰다.

○ 유치원에서 휴식하는 방법에 대하여 이야기 나눈다.

- (사진 자료를 보여 주며) 유치원에서는 어떻게 쉴 수 있을까요?
  - 실내화는 벗어서 자기 발 아래쪽에 가지런히 둔다.
  - 친구들과 머리와 머리, 발과 발이 서로 마주 보도록 매트 위에 눕는다.
  - 매트 위에 누워서 몸과 마음을 편안히 한다.

○ 편안히 쉴 수 있는 환경에 대해 이야기한다.

- 조용히 쉬고 있을 때 이야기하는 소리나 움직이는 소리가 들리면 어떨까요? 쉴 때 어떻게 하는 것이 좋을까요?
  - 조용히 한다. 눈을 감는다.

○ 휴식을 마친 후 정리하는 방법에 대하여 이야기 나눈다.

집단형태

대집단활동

활동유형

이야기나누기

활동자료

개인용 요 또는 휴식용 매트 TIP 1, 조용한 음악(예: 자장가), 사진 또는 그림자료(요 혹은 매트가 준비된 휴식장소를 찍은 사진), 게시판

TIP 1 머리를 두는 곳을 다른 색깔 천으로 표시하여 매트를 위생적으로 사용하도록 한다.

휴식용 매트

TIP 2 날씨가 점차 더워짐에 따라 마당 놀이를 한 후 유아들이 땀을 많이 흘리고 지치거나 피곤해 할 때 휴식을 실시한다.

TIP 3 교사는 조용하고 아늑한 분위기가 되도록 블라인드를 내려서 빛을 차단하고, 휴식을 취할 때 듣기에 적당한 조용한 음악을 틀어 놓는다.

■ 휴식을 마친 후에는 어떻게 해야 할까요?

- 이불을 갠다.
- 매트를 정리한다.
- 실내화를 신는다.

○ 요나 휴식 매트를 가지고 와서 휴식할 준비를 한다.

○ 휴식을 한다. TIP 3

■ 다 준비가 되었나요? 이제 자리에 누워서 쉬세요.

○ 교사는 조용한 목소리로 휴식이 끝났음을 알리고 유아는 자신이 사용한 휴식 매트를 정리한다.

○ 평가를 한다.

■ 쉬고 나니 기분이 어떤가요?

■ 휴식시간의 약속을 잘 지켰나요?

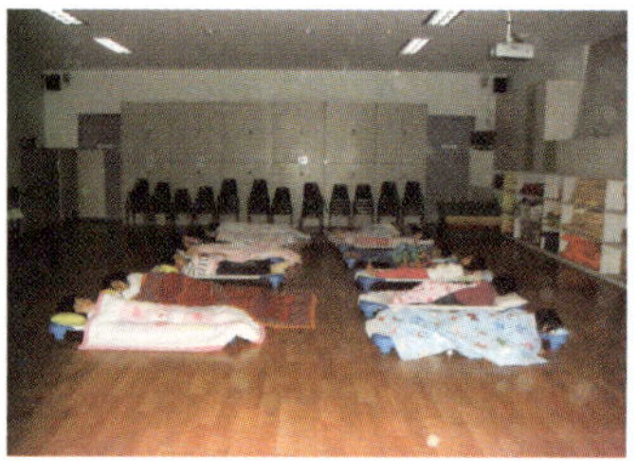

휴식하기

유의점

■ 모든 유아들에게 휴식이 필요한 것은 아니므로 교사는 개별 유아의 활동 정도에 따른 몸 상태와 생활 리듬을 고려하여 휴식할 유아를 정한다. 휴식이 필요하지 않은 유아들은 교실에서 책을 보거나 그림 그리기, 조각그림 맞추기 등의 정적인 활동을 하게 한다.

관련활동

■ 이야기나누기 '여름철 날씨와 건강' (18쪽 참고)

■ 이야기나누기 '물놀이 II' (68쪽 참고)

활동 15 눈병 예방하기

집단형태
대집단활동

활동유형
이야기나누기

활동자료
파워포인트 자료, 노트북, 빔 프로젝터

활동목표

- 여름철 유행하는 눈병의 증상을 안다.
- 눈병을 예방하는 방법을 알고 실천한다.
- 손 씻기의 중요성을 알고 바른 방법으로 손을 깨끗이 씻는다.

활동방법

○ 유행성 눈병의 증상 및 원인에 대해 이야기를 한다.

- 눈병에 걸린 적 있나요? 눈병에 걸리면 눈이 어떻게 불편한가요?
  - 눈이 간지럽다.
  - 눈이 아프고 빨갛다.
  - 눈물이 자꾸 난다.
- 눈병에 왜 걸리는 것일까요?
  - 눈병이 걸린 사람에게서 옮았다.
  - 면역력이 약해서이다.
- 눈병에 걸린 사람은 다른 사람에게 눈병을 옮기므로 병원에 가서 치료를 받고 다 나을 때까지 집에서 지내야 해요.

○ 유행성 눈병의 전염 경로에 대해 이야기를 나눈다.

- 눈병은 어떻게 해서 다른 사람으로부터 옮을까요?
  - 눈병에 걸린 사람이 만진 물건(장난감)을 통해서 옮는다.
  - 수영장의 물을 통해서 옮는다.

○ 눈병을 예방하는 방법에 대해 이야기를 나눈다.

- 눈병에 걸리지 않으려면 어떻게 해야 할까요?
  - 밖에서 놀고 집에 들어오거나 장난감 등의 물건을 만지고 난 후 손을 깨끗하게 씻는다.
  - 눈병을 일으키는 세균이 묻어 있는 손으로 눈을 만지면 눈병에 걸리므로, 흐르는 수돗물에 손을 자주 씻는다.
  - 손으로 눈을 비비지 않는다. 손을 깨끗이 씻어도 눈병을 일으키는 세균이 남아 있을 수 있기 때문에 손으로 눈을 만지거나 비비지 않아야 한다.
  - 눈이 간지러운 느낌이 나거나 눈에 무엇인가 들어간 것 같으면 눈을 감았다

뜨기를 반복한다.

- 비누, 수건, 컵 등 자기 물건을 따로 두어 혼자 사용한다.
- 눈이 간지럽거나 아프면 교사, 어머니, 아버지, 할머니, 할아버지 등에게 빨리 이야기한다.

○ 손 씻기의 중요성을 다시 한 번 강조하며 바른 손 씻기 방법을 회상하고 유아들에게 손 씻기를 시연한다. TIP

TIP '바르게 손 씻기 운동' 동영상을 유아들과 함께 보고 유아들이 바르게 손을 씻도록 지도한다. 범국민 손 씻기 운동 홈페이지(www.handwashing.or.kr)를 방문하면 다양한 손 씻기 관련자료를 제공받을 수 있다.

3. 여름철 동 · 식물

바다 생물 / 흉내를 잘 내는 쌩쌩이 / 바다 생물 인형극
/ 바다 생물 낚시 놀이 / 모래밭에 강 만들기 / 바윗돌 깨뜨려
/ 수족관 만들기 / 봉투 물고기 만들기 / 물고기가 제일 좋아요
/ 관상용 물고기 기르기 / 곤충의 그림자 찾기
/ 매미 경주 / 여름나무 꾸미기 / 여름철 꽃의 변화 관찰 / 나팔꽃
/ 여름 생각 / 수 박 / 방울토마토 수확하기
/ 과일 · 야채 가게 놀이 / 옆에 옆에

활동 1

바다 생물

집단형태

대집단활동

활동유형

이야기나누기

활동자료

바다 생물 사진자료, 게시판, 바다 속 생물에 대한 책이나 영상자료

TIP 유아들의 반응에 따라 준비한 사진자료를 게시판에 붙인다. 유아가 준비한 자료 이외의 생물에 대해 이야기하는 경우, 유아가 이야기하는 내용을 기억해 두었다가 활동을 마친 후 유아들과 책, 인터넷 등에서 자료를 찾아본다. 새로 찾은 자료는 유아들에게 소개한 후 기존 자료와 같이 벽면에 게시한다.

활동목표

- 바다 생물의 종류를 안다.
- 바다 생물의 생김새와 생활습성에 관심을 갖는다.

활동방법

○ 유아들이 방학 동안 바닷가에 다녀온 경험에 대해 이야기 나눈다.

- 방학 동안 바다에 다녀온 사람이 있나요?
- 바다에 누구와 함께 갔나요? 가서 무엇을 했나요?
  - 바다에서 수영을 했다.
  - 바닷가에서 모래성을 만들었다.
  - 배를 타고 바다로 나가 낚시를 했다.
  - 잠수함을 타고 바다 속으로 들어가 봤다.
- 바다에 사는 생물들을 본 적 있나요? 무엇을 보았나요?

○ 바다 속 생물에 대해 유아들과 함께 이야기 나눈다.

- 바다 속에는 무엇이 살고 있을까요? TIP
  - 고래, 상어, 문어, 오징어, 산호, 말미잘 등

① 고래

- 고래는 어떻게 생겼나요?
  - 주둥이가 커서 먹이를 먹기 편리하다.
  - 꼬리는 물고기의 꼬리와 달리 양옆으로 평평히 갈라져 있다.
  - 이빨이 있는 이빨고래, 수염이 있는 수염고래로 나뉜다.
  - 흰수염고래는 이 세상에서 가장 큰 동물이다.
- 고래는 무엇을 먹고 사나요?
  - 플랑크톤, 오징어, 작은 물고기 등을 먹고 산다.
- 고래에 대해 더 알고 있는 것이 있나요?
  - 물고기와 비슷하게 생겼지만 물고기가 아니다. 물고기처럼 알을 낳지 않고 새끼를 낳는다.

② 상어

■ 상어는 어떻게 생겼나요?

- 입이 몸의 아래 부분에 있다.
- 눈은 머리의 양옆에 있고 눈 뒤쪽으로 아가미 구멍이 있다.
- 이빨은 톱날처럼 날카롭다.
- 몸이 방패비늘로 덮여 있어 꺼끌꺼끌하다.

■ 상어는 무엇을 먹고 사나요?

- 오징어, 문어, 갑각류, 새우, 플랑크톤 등을 먹고 산다.

■ 상어에 대해 더 알고 있는 것이 있나요?

- 눈이 좋아 어두운 곳을 멀리까지 잘 볼 수 있다.
- 냄새를 잘 맡아 냄새만으로도 먹이를 찾을 수 있다.
- 몸집이 큰 동물이나 사람을 공격하는 난폭한 상어도 있지만 순한 상어도 많다.

③ 문어

■ 문어는 어떻게 생겼나요?

- 머리, 눈, 먹물이 나오는 분사구, 다리가 있다.
- 다리가 8개이다. 다리에는 빨판이 있다.

■ 문어는 무엇을 먹고 사나요?

- 작은 물고기, 새우, 게 등을 먹고 산다.

■ 문어에 대해 더 알고 있는 것이 있나요?

- 몸속에 뼈가 없어 몸을 흐느적거리며 움직인다.
- 주변 환경에 따라 몸의 색깔을 변화시켜 몸을 보호한다.
- 위험한 상황에서 먹물을 내뿜어 주위를 어둡게 한 다음 도망간다.

④ 오징어

■ 오징어는 어떻게 생겼나요?

- 세모 모양의 지느러미, 몸통, 머리, 다리가 있다.
- 머리 양쪽에 큰 눈이 있다.
- 다리는 모두 10개이다. 이 중 2개는 크고 길다. 더듬이 다리라고 한다. 더듬이 다리는 먹이를 잡을 때 쓴다.
- 다리에 빨판이 있다.

■ 오징어는 무엇을 먹고 사나요?

- 작은 물고기, 새우, 게 등을 먹고 산다.

■ 오징어에 대해 더 알고 있는 것이 있나요?

- 몸통에 물을 머금고 있다가 물을 뿜어내면서 헤엄친다.
- 몸의 색깔을 잘 바꾼다. 스스로 몸에서 빛을 내기도 한다.

⑤ 불가사리

- 불가사리는 어떻게 생겼나요?
  - 별모양이다.
- 불가사리에 대해 더 알고 있는 것이 있나요?
  - 얕은 바다 밑의 모래 뻘이나 바위에 산다.
  - 몸의 한 부분이 잘려도 다시 돋아난다. 잘려 나간 부분도 하나의 완전한 불가사리로 자란다.

확장활동

- 유아들이 좋아하는 바다 생물을 그림으로 그려 출석표시판으로 활용한다.

바다 생물 출석표시판

관련활동

- 언어 영역 '바다 생물 인형극' (82쪽 참고)
- 쌓기 놀이 영역 '수족관 만들기' (88쪽 참고)
- 수학 '바다 생물 낚시 놀이' (84쪽 참고)

활동 2 흉내를 잘 내는 쌩쌩이

활동목표

- 바다 생물의 모습과 움직임 특징에 관심을 갖는다.
- 동화의 내용을 이해하고 극으로 표현한다.
- 동극을 관람하는 바른 태도를 기른다.

활동방법

○ 동화를 듣고 난 뒤 동극을 할 것임을 알려 준다.

- 동화를 듣고 동극을 하는 데 필요한 사항을 당부한다.
  - 어떤 등장인물이 나와서 어떤 말을 하는지 기억하면서 듣는다.
  - 동극을 하기 위해서는 어떤 준비물과 무대가 필요한지 생각하면서 듣는다.

○ 유아들과 동화의 내용과 대사를 회상해 본다.

○ 교사가 동화를 들려준다.

○ 동화내용을 회상한다.

- 쌩쌩이는 제일 처음 누구를 만났나요?
- 넙죽이는 쌩쌩이에게 무엇을 물어보았나요?
- 쌩쌩이가 꽃게처럼 움직이는 모습을 흉내내 봅시다. 앞에 나와서 보여 줄 사람이 있나요? TIP 1
- 쌩쌩이가 꽃게처럼 움직이고 있는데 누구를 만났나요?
  - 꽃게
- ○○○반 어린이들이 쌩쌩이가 되어 말하면 선생님이 꽃게가 되어서 말해 볼게요.
- 미역, 조개, 고래도 위와 같은 방법으로 회상한다.

○ 동극을 할 장소를 정하고 무대를 꾸민다. TIP 2

- 동극을 하려면 어떤 곳이 필요할까요?
  - 바다 속
- 어떻게 하면 바다 속처럼 꾸밀 수 있을까요?
  - 파란색 천을 깔아 놓는다. TIP 3
  - 산호, 조개, 바위 등을 놓아서 꾸민다.
- 무대를 꾸며 줄 사람이 있나요?

집단형태

대집단활동

활동유형

동극

활동자료

PPT 동화자료, 컴퓨터(노트북), 빔프로젝터, 리모컨, 동극자료(여러 가지 색깔 천)

동극에 사용할 여러 가지 색깔 천

TIP 1 바다 속 생물들에 대해 이야기를 나누고, 바다 속의 모습을 담은 영상을 감상한후 동극을 하면 유아들의 동극 표현이 더욱 풍부해질 수 있다.

TIP 2 유아들이 그린 바다 속 풍경 그림을 파워포인트에 삽입하고 스크린에 비추어 배경으로 사용하면 무대를 효과적으로 꾸밀 수 있다.

> **TIP 3** 바다 속처럼 꾸밀 수 있는 커다란 천(물방울 무늬, 푸른색 계통의 천 등)을 준비한다.

> **TIP 4** 바다 생물의 모습을 표현할 수 있는 망사나 시폰 등 가볍고 하늘하늘한 느낌의 천을 준비하여 역할을 맡은 유아의 팔이나 허리, 어깨에 묶어 준다. 넙죽이 역할을 맡은 유아가 양쪽 팔에 천을 묶고 물고기처럼 표현하면 팔의 움직임에 따라 천도 움직이며 물고기의 지느러미처럼 보이는 효과를 얻을 수 있다.

자기 소개하기

동극하기

○ 동극의 배역을 정한다.

- 동화에 누가 나왔나요?
  - 쌩쌩이, 넙죽이, 꽃게, 미역, 조개, 고래
- 어떤 역할을 하고 싶은지 생각해 보세요.
- 고래(조개, 미역, 꽃게, 넙죽이, 쌩쌩이) 역할을 하고 싶은 사람은 손을 드세요.
- 역할을 맡은 사람들은 앞으로 나오세요. **TIP 4**

○ 배역을 맡은 유아들이 앞으로 나와 한 줄로 서서 차례로 자기소개를 하고 인사를 한다.

- " 저는 쌩쌩이를 맡은 ○○○입니다."

○ 동극할 준비를 한다.

- 쌩쌩이는 무대 가운데로 가세요.
- 동극을 잘 볼 수 있도록 선생님도 자리를 옮길게요. 다른 역할을 맡은 사람들은 선생님 옆에 앉아서 차례가 될 때까지 기다리세요.

○ 동극을 한다.

- 지금부터 ○○○반 어린이들의 '흉내를 잘 내는 쌩쌩이' 동극을 시작하겠습니다.

○ 동극이 끝나면 동극을 한 유아들이 인사를 하고 자리에 앉는다.

○ 동극을 평가한다.

- 동극이 재미있었나요? 어떤 점이 재미있었나요?
- 어떻게 하면 동극을 더 재미있게 할 수 있을까요?

○ 두 번째 동극의 배역을 정한다.

○ 배역을 맡은 유아들이 앞에 나와서 자기소개를 한 뒤 동극을 시작한다.

○ 동극이 끝나면 동극을 한 유아들이 인사를 하고 자리에 앉는다.

○ 유아들과 함께 무대를 정리한다.

관련활동

- 이야기나누기 '바다 생물' (76쪽 참고)

동 화

흉내를 잘 내는 쌩쌩이

어느 바닷가에 친구들의 흉내를 잘 내는 쌩쌩이라는 물고기가 살고 있었습니다. 어느 날 쌩쌩이는 친구 물고기인 넙죽이를 만났습니다.

넙죽이 쌩쌩아, 안녕!
쌩쌩이 넙죽아! 너 꽃게처럼 움직일 수 있니?

넙죽이 아니, 난 잘 못해. 그런데 넌 할 수 있니?
쌩쌩이 하하하! 그렇게 쉬운 것도 못한다고? 난 잘 할 수 있는데.

쌩쌩이는 꽃게처럼 몸을 옆으로 움직였습니다. 그러자 넙죽이는 슬그머니 가버렸습니다. 조금 더 가다보니 꽃게가 옆으로 걸어오고 있었습니다.

꽃 게 쌩쌩아, 안녕!
쌩쌩이 꽃게야! 너 미역처럼 움직일 수 있니?
꽃 게 아니, 난 잘 못해. 그런데 넌 할 수 있니?
쌩쌩이 하하하! 그렇게 쉬운 것도 못한다고? 난 잘 할 수 있는데.

쌩쌩이는 미역처럼 몸을 움직였습니다. 그러자 꽃게는 슬그머니 가버렸습니다. 조금 더 가다보니 미역이 물결에 흔들려 움직이고 있었습니다.

미 역 쌩쌩아, 안녕!
쌩쌩이 미역아! 너 조개처럼 움직일 수 있니?
미 역 아니, 난 잘 못해. 그런데 넌 할 수 있니?
쌩쌩이 하하하! 그렇게 쉬운 것도 못한다고? 난 잘 할 수 있는데.

쌩쌩이는 조개처럼 몸을 움직였습니다. 그러자 미역은 슬그머니 바위 뒤로 숨어버렸습니다. 조금 더 가다 보니 조개가 보였습니다.

조 개 쌩쌩아, 안녕!
쌩쌩이 조개야! 너 고래처럼 움직일 수 있니?
조 개 아니, 난 잘 못해. 그런데 넌 할 수 있니?
쌩쌩이 하하하! 그렇게 쉬운 것도 못한다고? 난 잘 할 수 있는데.

쌩쌩이는 고래처럼 크게 보이려고 몸을 잔뜩 부풀리려 했습니다. 그때였어요. 갑자기 바다에 큰 물결이 일어났습니다.

쌩쌩이 어어어, 갑자기 왜 이러지?

쌩쌩이는 물결 때문에 이리저리 왔다갔다 했어요.
큰 물결 속에서 갑자기 나타난 것은 바다에서 몸집이 제일 큰 고래 아저씨였습니다.

고 래 누가 내 흉내를 내면서 친구들을 놀리는 거냐?
쌩쌩이 제가 그랬어요. 고래 아저씨.
고 래 쌩쌩아! 네가 흉내를 잘 낸다고 친구들을 놀리면 친구들 마음이 어떻겠니?
쌩쌩이 잘못했어요, 고래 아저씨. 이제 친구들을 놀리지 않을게요.

그 후로 쌩쌩이는 다른 친구들을 놀리지 않고 친구들과 사이좋게 지냈답니다.

활동 3

바다 생물 인형극

집단형태

자유선택활동

활동유형

언어 영역

활동자료

바다 생물 막대인형(돌고래, 오징어, 고래, 상어, 불가사리 등), 인형극 틀 TIP 1

인형극 틀과 인형

TIP 1 바다 생물 인형에 낚싯줄을 연결하여 인형극 틀에 부착한다. 인형극 틀의 윗면에 빨대를 붙이고 빨대 안으로 인형에 달린 낚시줄을 통과하게 한 다음 반대편 끝에 손잡이를 달면 유아들이 손잡이를 이용하여 쉽게 인형을 조작할 수 있다.

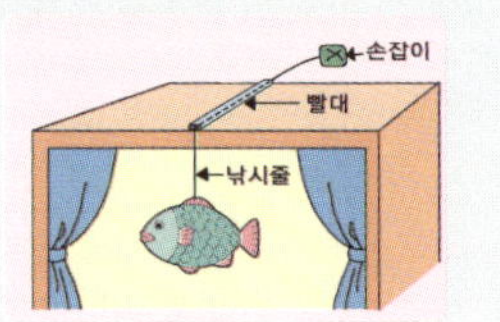

TIP 2 교사는 이야기 만드는 과정에 적극적으로 참여하여 유아들에게 이야기를 구성하는 시범을 보인다. 유아들이 이를 바탕으로 즉흥적이고 자유롭게 이야기를 만들어 나가며 놀이할 수 있도록 한다.

활동목표

- 바다 생물의 종류와 생김새를 안다.
- 친구들과 협력하여 이야기를 구성한다.

활동방법

○ 언어 영역에서 인형극 놀이를 하는 유아들과 함께 인형극 놀이 주제에 대해 이야기한다.
- 바다 생물 인형으로 놀이해 보았나요? 어떤 이야기를 만들었나요?
  - 고래가 물고기와 함께 바다 속을 여행하면서 친구들을 만나는 이야기
  - 바다 생물들이 바다 저편으로 소풍을 가는 이야기
- 또 어떤 이야기를 만들 수 있을까요?
  - 바다 생물들이 숨바꼭질 놀이를 하는 이야기

○ 유아들과 함께 인형을 조작하며 주제에 대한 이야기를 만들어 본다. TIP 2
- 바다 생물이 숨바꼭질하는 놀이에는 누가 나오나요?
  - 오징어, 꽃게, 돌고래, 해마
- 우리가 오징어, 꽃게, 돌고래, 해마 역할을 맡아봅시다.
- 이 동물들 중에서 누구를 술래로 할까요?
  - 돌고래
- 오징어와 꽃게, 해마가 어디에 숨는다고 할까요?
  - 오징어가 물풀 뒤에 숨어 다리를 흔들면 물풀이 흔들리는 것처럼 보일 것이다.
  - 꽃게는 바위 틈에 숨으면 잘 안 보일 것이다.
  - 해마는 바위 뒤에 숨으면 술래가 찾기 어려울 것이다.
- 돌고래가 누구를 가장 먼저 찾았다고 할까요?
  - 해마를 가장 먼저 찾아 해마가 다음 술래가 되었다고 한다.
- 다른 동물 역할을 맡은 사람들도 숨을 곳을 찾아보세요.

○ 방안놀이 후 대집단으로 모여 앉아 바다 생물 인형극 놀이를 평가한다.
- 바다 생물 인형극 놀이를 한 사람 중에 어떤 이야기를 만들어 놀이했는지 친구들에게 소개해 줄 사람 있나요?

■ 바다 생물 인형극 놀이를 하면서 더 필요한 것이 있었나요? 놀이를 재미있게 하려면 어떤 것이 더 필요할까요?

- ○○ 역할을 하고 싶어 하는 사람들이 많았다. ○○인형이 한 개 더 있었으면 좋겠다.

■ 방안놀이 시간에 선생님과 함께 ○○인형을 한 개 더 만들어 봅시다.

■ 인형극 놀이를 하면서 불편한 점이 있었나요?

- 인형극을 하려는 사람이 많아 자리가 좁았다.
- 인형들이 바구니에 정리되어 있지 않아 필요한 인형을 찾기 어려웠다.

■ 인형극 놀이를 할 때 어떤 약속을 지켜야 할까요?

- 인형극을 하려는 사람이 많을 때에는 순서를 정해서 차례대로 한다.
- 인형극이 끝나면 사용했던 인형을 제자리에 정리한다.

○ 유아들과 평가한 내용을 바탕으로 인형극을 한다.

관련활동

■ 이야기나누기 '바다 생물' (76쪽 참고)

바다 생물 인형으로 인형극하기

활동 4 바다 생물 낚시 놀이

집단형태

자유선택활동

활동유형

수학 · 조작 영역

활동자료

바다 생물 부직포 자료(물고기 6마리, 꽃게 7마리, 소라 8마리, 조개 9개, 갈매기 10마리) TIP

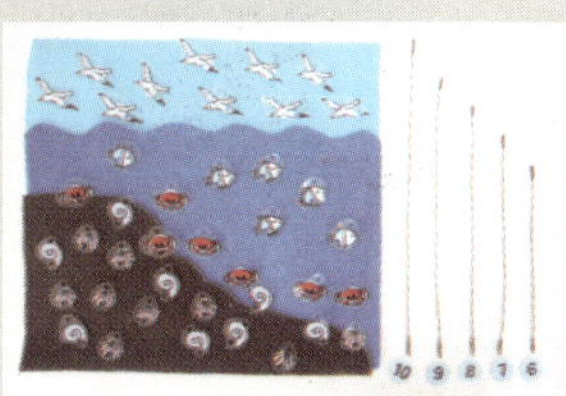

TIP 각각의 부직포 자료에는 끈을 끼울 수 있도록 구멍을 뚫어 놓는다. 부직포에 위, 아래 두 개의 구멍을 뚫어 끈을 차례로 통과시킬 때 자료가 눕혀지거나 겹쳐지지 않도록 한다.

부직포 자료 예

유아들이 동물 그림의 수와 끈에 달려 있는 숫자를 쉽게 연결할 수 있도록 숫자가 커짐에 따라 끈의 길이도 길게 제작한다.

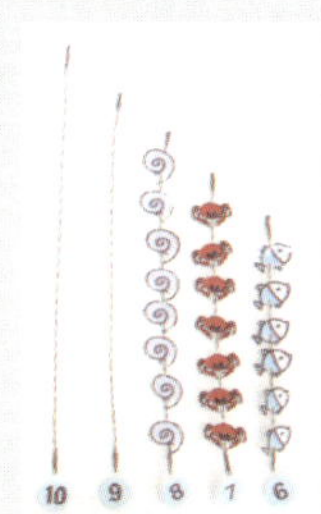

동물 수에 따른 끈의 길이

활동목표

- 바다 생물의 종류를 안다.
- 10 이하의 구체물의 수를 센다.

활동방법

○ 바다 생물 부직포 자료를 살펴본다.

- (바다 생물 부직포 자료를 보여 주며) 무엇이 있나요?
    - 물고기, 소라, 조개, 꽃게, 갈매기
- 소라와 조개, 꽃게는 어디에서 볼 수 있나요?
    - 바닷가에서 볼 수 있다.
- 하늘에는 무엇이 있나요?
    - 갈매기가 있다.
- 바닷가 배경판에 물고기, 소라, 조개, 꽃게, 갈매기를 붙여 보세요.

○ 낚싯줄을 소개한다.

- 낚싯줄을 준비했어요. 이 낚싯줄에 바다 생물을 끼울 거예요.
- 낚싯줄에 무엇이 표시되어 있나요?
    - 숫자가 표시되어 있다.
- 숫자가 왜 표시되었을까요?
    - 낚싯줄에 표시된 숫자와 같은 수의 동물을 찾는다.

○ 낚싯줄에 바다 생물을 끼운다.

- 물고기(소라, 조개, 꽃게, 갈매기)는 몇 마리인가요?
- 어떤 낚싯줄에 끼워야 할까요?
- 낚싯줄에 바다 생물을 끼워 봅시다.

관련활동

- 쌓기 놀이 영역 '수족관 만들기' (88쪽 참고)
- 언어 영역 '바다 생물 인형극' (82쪽 참고)
- 이야기나누기 '바다 생물' (76쪽 참고)

활동 5 모래밭에 강 만들기

활동목표

- 물과 모래의 성질을 안다.
- 모래 놀이를 하며 정서적 안정감을 느낀다.

활동방법

○ 마당 놀이 시간에 모래 놀이 영역에서 삽으로 모래를 파서 여러 형태의 길을 만들어 본다.

- 삽으로 모래를 파서 어떤 모양의 길을 만들 수 있을까요?
  - 구불구불한 길을 만든다.
  - 똑바로 뻗은 길을 만든다.
  - 삽으로 파낸 흙을 산처럼 쌓고 산 위에 길을 만든다.

○ 길에 물을 부어 물길을 만들어 본다.

- 길에 물을 부으니 어떻게 되었나요?
  - 물이 높은 곳에서 낮은 곳으로 흘러간다.
  - 물을 세게 부으면 모래가 파인다.

○ 강을 만들어 본다.

- 강물은 흘러서 어디로 가나요?
  - 바다
- 강물이 다니는 물길을 만들고 넓은 바다도 만들어 봅시다.

○ 놀이를 평가한다.

- 모래 놀이터에서 강을 만들어 보니 어땠나요?
- 강 만들기 놀이를 하면서 어렵거나 아쉬웠던 점이 있었나요?
- 어떻게 하면 강 만들기 놀이를 더 재미있게 할 수 있을까요?
  - 강에 배를 띄워 놀면 재미있을 것 같다.
  - 높은 산을 만들어서 산꼭대기에서부터 물이 흘러내리도록 하면 좋겠다.

○ 유아들과 평가한 내용을 바탕으로 놀이를 한다.

관련활동

- 노래 '바윗돌 깨뜨려' (86쪽 참고)
- 실외 영역 '배 띄우기' (66쪽 참고)

집단형태

자유선택활동

활동유형

실외 영역

활동자료

모래, 물, 모래 놀이 용구(예: 삽, 갈퀴, 물통, 물조리개 등)

강 만들기

활동 6

바윗돌 깨뜨려

집단형태

대집단활동

활동유형

노래

활동자료

노래자료(바위–돌멩이–자갈–모래 사진/그림, 도랑–개울–시내–강–바다 사진/그림), 게시판

'바윗돌 깨뜨려' 노래자료

활동목표

- 시간이 지남에 따라 자연의 모습이 변화함을 안다.
- 자연의 변화에 호기심을 갖고 관찰하는 태도를 기른다.

활동방법

|1절|

○ 바위가 모래로 변하는 과정에 대해 이야기 나눈다.

- 산이나 계곡에 가본 적이 있나요? 바위를 보았나요? 바위는 어떻게 생겼나요?
  - 크기가 크다.
  - 뾰족하다.
  - 울퉁불퉁하다.
- 산 위에서 흐르는 물이나 강한 바람이 바위를 세게 치고 지나가요. 바위가 어떻게 될까요?
  - 깎인다.
  - 점점 작아진다.
- 바위가 깎이면서 점점 작아지면 돌덩이가 돼요. 물이나 바람이 계속 돌덩이를 치면서 지나가면 돌덩이는 어떻게 될까요?
  - 더 깎여서 뾰족한 부분이 없어진다.
  - 더 작아진다.
- 돌덩이가 깨지면서 작아지면 돌멩이가 돼요. 돌멩이가 계곡물을 따라 구르고 깨어지면서 점점 크기가 작아지면 무엇이 될까요?
  - 자갈
- 자갈은 바위와 어떻게 다른가요?
  - 크기가 작다.
  - 둥글둥글하다.
  - 매끈매끈하다.
- 자갈이 깨지면서 작아지면 무엇이 될까요?
  - 모래가 된다.

○ 교사가 노래 1절을 부른다.

○ 다 함께 노래 1절을 부른다. TIP

> **TIP** 노래를 부르면서 손동작으로 바윗돌, 돌덩이, 돌멩이, 자갈돌, 모래알의 크기(도랑물, 개울물, 시냇물, 강, 바다의 넓이)를 표현해 본다.

|2절|

○ 물이 모여 바다가 되는 과정에 대해 이야기 나눈다.

- 도랑물에서 놀아 본 적이 있나요? 도랑물이 흐르는 쪽으로 따라가 보면 다른 도랑물과 만나요. 그럼 도랑물이 어떻게 될까요?
  - 더 넓어진다.
  - 더 커진다.
- 도랑물들이 만나면 개울물이 돼요. 개울물과 개울물이 만나면 또 어떻게 될까요?
  - 넓어진다.
  - 물이 더 세게 흐른다.
- 개울물과 개울물이 만나면 시냇물이 돼요. 시냇물과 시냇물이 모이면 무엇이 될까요?
  - 강이 된다.
- 강들은 어디로 모일까요?
  - 바다에 모인다.
- 모든 물이 모인 바다는 크기가 어떤가요?
  - 아주 크다.
  - 아주 넓다.

○ 교사가 노래 1절을 부른다.

○ 다 함께 노래 2절을 부른다. TIP

○ 다 함께 노래 1, 2절을 부른다.

관련활동

- 실외 영역 '모래밭에 강 만들기' (85쪽 참고)

악보

바윗돌 깨뜨려

작사 윤석중
작곡 전석환

활동 7

수족관 만들기

집단형태

자유선택활동

활동유형

쌓기 놀이 영역

활동자료

쌓기 놀이 영역에 있는 블록(예: 유니트 블록, 종이벽돌 블록 등), 바다 생물 모형, 푸른색 천

작은 블록을 이용해서 수족관 만들기

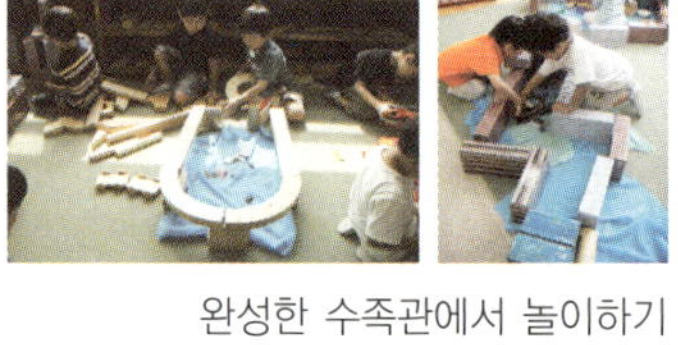

완성한 수족관에서 놀이하기

활동목표

- 바다 생물의 종류와 생김새를 안다.
- 수족관의 기능을 안다.

활동방법

○ 수족관에 대해 이야기한다.
- (바다 생물 모형을 보면서) 어떤 동물들이 있나요?
  - 고래, 상어, 물고기, 거북이, 오징어 등
- 수족관(아쿠아리움)이 무엇인지 아나요?
  - 물 속에 사는 생물을 모아 놓고 기르는 곳이다.
  - 사람들이 관찰하고 구경할 수 있다.
- 수족관(아쿠아리움)에 가본 적이 있나요? 어떻게 생겼나요?
  - 물에 사는 동물들이 있다.
  - 유리로 된 수조 안에 물이 들어 있고 그 안에 동물들이 있다.
  - 사람이 수조 안에 들어가서 밥을 주기도 한다.

○ 유아들과 함께 수족관을 만든다.
- 수족관을 만들려면 무엇이 필요할까요?
  - 여러 가지 물고기들, 수족관을 만들 때 사용할 블록
- 수족관을 어떤 모양으로 만들까요?
- 어떤 물고기들을 기른다고 할까요?
- 수족관 안의 물은 어떻게 표현할까요?
  - 바닥에 푸른색 천을 깐다.
- 사람들이 다니는 길은 어디로 할까요?
  - 수족관 사이에 나무 블록으로 길을 만든다.

○ 완성된 수족관에서 바다 생물을 가지고 놀이한다.

관련활동

- 수학 '관상용 물고기 기르기' (94 쪽 참고)
- 언어 영역 '바다 생물 인형극' (82쪽 참고)
- 이야기나누기 '바다 생물' (76쪽 참고)

활동 8 봉투 물고기 만들기

집단형태

자유선택활동

활동유형

조형 영역

활동자료

물고기 사진, 편지 봉투, 투명한 비닐 봉투(예: 사진 넣는 봉투, 스타킹 포장 봉투, 비닐 포장지로 만든 봉투 등), 신문지, 포장지, 미농지, 색종이, 유성 매직펜, 꽃철사, 모루, 풀, 셀로판 테이프

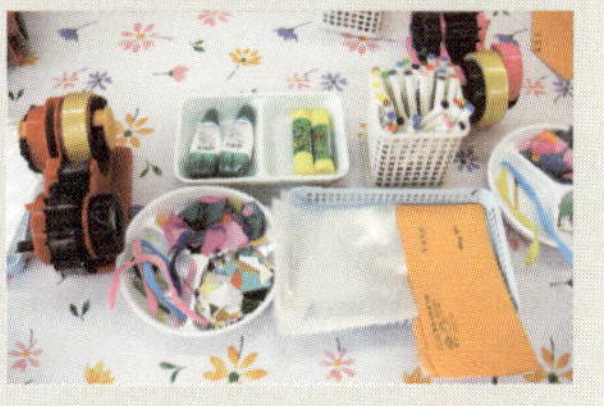

'봉투 물고기 만들기' 활동자료

활동목표

- 물고기의 생김새 특징을 알고 조형 작품으로 표현한다.
- 여러 가지 조형재료를 이용하여 물고기를 만든다.

활동방법

○ 활동자료를 보며 활동방법에 대해 이야기 나눈다.

- (물고기 사진을 보며) 물고기를 본 적이 있나요? 물고기는 어떻게 생겼나요?
  - 머리, 몸통, 꼬리, 지느러미가 있다. 지느러미는 헤엄을 칠 때 몸의 균형을 잡거나 방향을 바꾸는 역할을 한다.
  - 머리에는 눈, 코, 입이 있다.
  - 몸이 비늘로 덮여 있다. 비늘은 몸을 보호하는 역할을 한다.
  - 아가미가 있다. 아가미는 숨을 쉴 때 필요하다.
- 조형 책상에 준비되어 있는 재료들로 물고기를 만들어 볼 거예요.
- 봉투로 물고기를 만들려면 어떻게 해야 할까요?
  - 봉투 안에 여러 가지 재료를 넣어 물고기의 배를 만든다.
  - 봉투의 뚫린 부분을 꽃철사로 묶어 꼬리를 만든다.
- 지느러미와 비늘은 어떻게 표현할까요?
  - 네임펜이나 사인펜으로 그림을 그린다.
  - 여러 가지 종이(예: 포장지, 미농지, 색종이 등)나 꾸미기 재료를 붙여 표현한다.

○ 종이 봉투나 비닐 봉투 중에서 만들고 싶은 봉투를 선택한다.

- 종이 봉투와 투명한 비닐 봉투 중 하나를 선택해서 물고기 몸을 만들어 보세요.

○ 선택한 봉투의 종류에 맞는 작업순서도를 보고 물고기를 만든다.

| 불투명한 종이 봉투로 만들기 |

① 이름을 쓴다.

② 봉투의 막힌 부분을 세모 모양으로 접고 풀칠해서 물고기의 머리를 만든다.

③ 봉투에 그림을 그리거나 색종이, 포장지, 미농지 등을 붙여서 물고기의 몸을 꾸민다. 눈, 코, 입, 아가미 등을 그리고 지느러미도 만들어서 붙인다.

④ 신문지 자른 것을 봉투 안에 넣어서 물고기의 몸통이 입체적으로 부풀도록 한다.

⑤ 봉투의 입구 쪽을 3~4cm 정도 남기고 꽃철사나 모루로 묶어 물고기의 꼬리를 만든다.

종이 봉투로 만든 봉투 물고기

| 투명한 비닐 봉투로 만들기 |

① 봉투에 이름을 쓴다.

② 끝이 막힌 쪽을 세모 모양으로 접고 셀로판 테이프로 붙여서 물고기의 머리를 만든다.

③ 유성 매직펜으로 그림을 그리거나 포장지, 색종이, 미농지 등을 붙여서 물고기의 몸을 꾸민다.

④ 잘게 자른 미농지나 포장지를 봉투 안에 넣어 몸통이 입체적으로 부풀도록 한다.

⑤ 봉투의 입구 쪽을 3~4cm 정도 남기고 꽃철사나 모루로 묶어 꼬리를 만든다.

○ 완성한 작품을 낚싯줄로 연결해 게시판이나 창에 매달아 전시한다.

비닐 봉투로 만든 봉투 물고기

확장활동

■ 완성된 물고기에 클립을 끼우고 낚싯대에 자석을 달아 낚시 놀이를 할 수 있다.

낚시 놀이

관련활동

■ 수학 · 조작 영역 '바다 생물 낚시 놀이' (84쪽 참고)

■ 이야기나누기 '바다 생물' (76 쪽 참고)

활동 9 물고기가 제일 좋아요

활동목표

- 게의 생김새와 습성을 안다.
- 동화의 내용을 이해하고 극으로 표현한다.
- 동극을 관람하는 바른 태도를 기른다.

활동방법

○ 배경그림판과 인형을 사용하여 '물고기가 제일 좋아요' 동화를 들려준다. TIP 1

○ 유아들과 함께 동화의 내용과 대사를 회상한다.

- 바닷가에 사는 딸깍이는 물고기를 싫어했어요. 엄마 게가 딸깍이에게 무슨 이야기를 했나요?
  - "딸깍아, 딸깍아. 밥 먹어야지."
- 그러자 딸깍이가 뭐라고 대답했나요?
  - "싫어, 싫어. 물고기는 맛이 없어요. 안 먹을 거예요."
- 딸깍이는 밥을 먹지 않고 숲 속으로 갔어요.
- 누구의 집을 보았나요?
  - 토끼(다람쥐/원숭이)
- 토끼(다람쥐/원숭이)는 무엇을 먹고 있었나요?
  - 당근(도토리/바나나)
- 토끼(다람쥐/원숭이)가 당근(도토리/바나나)을 먹는 모습을 흉내내 보세요.
- 선생님이 딸깍이가 되어 볼게요. ○○○반 어린이들이 토끼가 되어서 이야기 해 보세요.

○ 동극을 할 장소를 정하고 무대를 꾸민다.

- 동극을 하려면 어떤 장소가 필요한가요?
  - 바닷가, 토끼 · 다람쥐 · 원숭이의 집
- 바닷가는 어디로 정할까요?
  - 무대 가운데
- 바닷가를 어떻게 꾸밀까요?
  - 파란색 천을 깐다.
  - 조개 껍데기를 놓는다.

집단형태

대집단활동

활동유형

동극

활동자료

동화 배경그림판 4장, 장갑인형 동화자료(왼손 장갑 한 짝–아기 게), 막대 동화자료(엄마 게, 토끼, 다람쥐, 원숭이), 낮은 책상

동화 배경그림판

등장하는 동물 인형

배경그림판에 동물 인형을 끼운 모습

TIP 1 장면이 바뀔 때마다 배경판을 한 장씩 앞으로 넘겨 배경을 바꾼다. 교사는 왼손에 아기 게 인형장갑을 끼고 배경판의 왼쪽 구멍에 넣어 조작한다. 다른 동물 인형은 오른손에 끼고 배경판의 오른쪽 구멍에 넣어 순서대로 조작한다.

■ 바닷가를 꾸며 줄 사람이 있나요?

■ 토끼(다람쥐, 원숭이)의 집은 어디로 할까요? 어떻게 꾸밀까요?

○ 동극에 필요한 소품을 준비한다. TIP 2

TIP 2 동극에 필요한 소품(물고기 · 당근 · 도토리 · 바나나)은 역할 놀이 영역의 소품을 이용하거나 유아들이 직접 그리고 만든 것을 사용한다.

■ 동극을 하려면 어떤 것들이 필요한가요?

• 물고기, 당근, 도토리, 바나나

■ 물고기(당근, 도토리, 바나나)는 무엇으로 할까요?

○ 동극의 배역을 정한다.

■ 동화에 누가 나왔나요?

• 딸깍이, 엄마 게, 토끼, 다람쥐, 원숭이

■ 어떤 역할을 하고 싶은지 생각해 보세요.

■ 원숭이(다람쥐, 토끼, 엄마 게, 딸깍이) 역할을 하고 싶은 사람은 손을 드세요.

○ 배역을 맡은 유아들이 앞으로 나와 한 줄로 서서 자기소개를 한다.

• "저는 딸깍이를 맡은 ○○○입니다."

○ 동극할 준비를 한다.

■ 동극을 잘 볼 수 있도록 선생님이 자리를 옮길게요.

■ 역할을 맡은 사람들은 집으로 가서 준비하세요.

○ 동극을 한다.

■ 지금부터 ○○○반 어린이들의 '물고기가 제일 좋아요' 동극을 시작하겠습니다.

○ 동극이 끝나면 동극을 한 유아들이 인사를 하고 자리에 앉는다.

○ 동극을 평가한다.

■ 동극이 재미있었나요? 어떤 점이 재미있었나요?

■ 어떻게 하면 동극을 더 재미있게 할 수 있을까요?

○ 두 번째 동극의 배역을 정한다.

○ 배역을 맡은 유아들이 앞에 나와서 자기소개를 한 뒤 동극을 시작한다.

○ 동극이 끝나면 동극을 한 유아들이 인사를 하고 자리에 앉는다.

○ 유아들과 함께 무대를 정리한다.

동극하기

동 화

물고기가 제일 좋아요

어느 바닷가에 딸깍이라는 아기 게가 엄마 게와 함께 살고 있었습니다. 그런데 딸깍이는 밥을 먹을 때마다 물고기를 먹지 않겠다고 투정을 부렸습니다.

어느 날, 점심 때가 되어서 엄마 게는 바닷가에서 놀고 있는 딸깍이를 불렀습니다.

엄마게 딸깍아, 딸깍아. 밥 먹어야지.
딸깍이 싫어, 싫어. 물고기는 맛이 없어요. 안 먹을 거예요.

딸깍이는 이렇게 말하고 숲 속으로 갔습니다. 숲에 가니 토끼네 집이 보였습니다. 토끼는 당근을 맛있게 먹고 있었습니다.

딸깍이 토끼야, 무엇을 먹고 있니? 그것 참 맛있겠다.
토 끼 이건 아주 맛있는 당근이야. 한번 먹어 보렴.
딸깍이 무슨 맛이 이래? 물고기보다 훨씬 맛이 없는걸.

딸깍이는 다시 걸어갔습니다. 이번에는 다람쥐 집이 보였습니다. 다람쥐는 도토리를 맛있게 먹고 있었습니다.

딸깍이 다람쥐야, 무엇을 먹고 있니? 그것 참 맛있겠다.
다람쥐 이건 아주 맛있는 도토리야. 한번 먹어 보렴.
딸깍이 무슨 맛이 이래? 물고기보다 훨씬 맛이 없는걸.

딸깍이는 또 다시 걸어가다가 원숭이네 집까지 왔습니다. 원숭이는 바나나를 맛있게 먹고 있었습니다.

딸깍이 원숭아, 무엇을 먹고 있니? 그것 참 맛있겠다.
원숭이 이건 아주 맛있는 바나나야. 한번 먹어 보렴.
딸깍이 무슨 맛이 이래? 물고기보다 훨씬 맛이 없는걸.

딸깍이는 너무 배가 고파서 힘없이 바닷가로 돌아왔습니다. 집에서는 엄마 게가 딸깍이를 위해 물고기를 준비해 놓고 있었습니다.

엄마게 딸깍아, 어디 갔었니? 어서 밥 먹자.
딸깍이 야, 맛있다! 역시 물고기가 제일 맛있구나.

이제 딸깍이는 물고기를 아주 맛있게 먹게 되었답니다.

활동 10 관상용 물고기 기르기

집단형태

대집단활동

활동유형

수학 · 과학

활동자료

관상용 물고기 사진(5~6 종류 TIP 1), 어항, 물고기 사료, 여과기, 수초, 자갈과 돌, 기록용구

TIP 1 교사는 학급에서 기를 수 있는 5~6가지 종류의 관상용 물고기를 미리 조사해 두어 이 중에서 유아들이 선택할 수 있도록 한다. 물고기는 함께 길러도 서로에게 무해한 종류들로 정한다(예: 코리도라스, 네온테트라, 구피, 제브라다니오, 플래티, 몰리 등).

TIP 2 물을 부은 어항에 여과기, 기포발생기를 작동시킨 채로 약 2주간 1~3일에 한 번씩 물을 갈아주어 물고기가 생활하기에 적합한 환경을 만들어 준다. 물을 갈 때에는 전체 물의 1/4~1/3씩 갈아준다.

활동목표

- 생활 속에서 익숙한 수를 세고 더하는 능력을 기른다.
- 물고기를 기르는 방법을 익힌다.

활동방법

| 물고기 정하기 |

○ 물고기를 키워 본 경험에 대해 이야기 나눈다.

- ○○○반에서 물고기를 키우려고 해요.
- 물고기를 키워본 적 있나요? 어떤 종류의 물고기를 키워 보았나요?

○ 교실에서 기를 물고기의 생김새를 살펴본다.

- 선생님이 ○○○반에서 기를 물고기 사진을 준비했어요.
- 이 물고기의 이름은 코리도라스(구피, 제브라다니오)예요.
- 코리도라스(구피, 제브라다니오)가 어떻게 생겼나요? 몸은 어떤 색깔인가요?

| 어항 준비하기 | TIP 2

○ 물고기를 기르는 데에 필요한 물건을 알아본다.

- ○○○반에서 물고기를 기르려면 물고기가 살기 좋은 환경을 마련해 주어야 해요.
- 물고기가 살기 좋은 환경을 만들기 위해 무엇이 필요한가요?
  - 물고기가 살 집인 어항이 필요하다. 물고기들이 살기에 좁지 않은 어항을 준비한다.
  - 어항에 넣을 물이 필요하다. 수돗물을 큰 그릇에 받고 하루 동안 그대로 두어 '염소'라는 성분이 없어지도록 한 후에 어항에 붓는다.
  - 물을 깨끗하게 걸러 주는 여과기가 필요하다.
  - 물고기들이 숨쉬기 쉽도록 해 주는 기포발생기가 필요하다.
  - 어항 바닥에 깔 자갈과 돌이 필요하다. 수초(물풀)를 넣어 준다.

| 어항에 물고기 넣기 |

○ 물고기의 수를 세어 본다.

- 물고기가 모두 몇 마리인지 함께 살펴봅시다.

- 코리도라스는 몇 마리가 있나요?
  - 4마리
- 구피는 몇 마리가 있나요?
  - 6마리
- 제브라다니오는 몇 마리가 있나요?
  - 5마리
- 코리도라스와 구피를 합하면 모두 몇 마리인가요?
  - 10마리
- 10마리에 제브라다니오 5마리까지 합하면 몇 마리인가요?
  - 15마리
- ○○○반에서 기르게 된 물고기는 모두 몇 마리인가요?
  - 15마리

○ 물고기를 어항에 넣는다.

- 물고기를 어항에 넣어 봅시다.
- 가장 수가 많았던 물고기는 무엇인가요?
  - 구피
- 구피부터 어항에 넣도록 할게요.
- 두 번째로 수가 많았던 물고기는 무엇인가요?
  - 제브라다니오
- 제브라다니오를 두 번째로 어항에 넣도록 할게요.
- 가장 수가 적었던 물고기는 무엇인가요?
  - 코리도라스

○ 물고기를 기르는 방법에 대해 이야기 나눈다.

- 앞으로 물고기들이 ○○○반에서 잘 지낼 수 있도록 우리가 어떻게 돌보아 주어야 할까요?
  - 물고기 먹이를 준다.
  - 깨끗한 물을 자주 갈아준다.
- 물고기 먹이는 하루에 두 번씩 주기로 해요. 물고기에게 먹이를 너무 많이 주어도 건강에 좋지 않아요. 우리 반에 있는 15마리의 물고기들이 모두 먹을 수 있도록 한 번에 한 티스푼씩 넣어 주기로 합시다. TIP 3
- 물은 10일에 한 번씩 갈아주면 되요. 달력에 물을 갈아줄 날을 표시합시다. TIP 4

관련활동

- 쌓기 놀이 영역 '수족관 만들기' (88쪽 참고)
- 이야기나누기 '바다 생물' (76쪽 참고)

> **TIP 3** 물고기 먹이 주는 당번을 정하여 모든 유아들이 물고기에게 먹이를 줘 볼 수 있도록 한다.

> **TIP 4** 유아들의 수준과 흥미에 따라 교사가 물을 가는 것을 관찰하거나 교사와 함께 직접 물을 갈아 보는 등 유아의 참여 수준을 조절한다.

활동 11

곤충의 그림자 찾기

집단형태

자유선택활동

활동유형

수학 · 조작 영역

활동자료

여러 가지 여름철 곤충의 그림자가 그려진 배경그림판, 곤충그림(매미, 잠자리, 메뚜기, 사마귀, 개미, 사슴벌레 등의 곤충그림을 코팅하여 뒷면에 자석을 붙임) 자석자료

'곤충의 그림자 찾기' 수학 · 조작 교구

활동목표

- 여름철 곤충의 종류와 생김새를 안다.
- 여름철 곤충의 모양을 변별한다.

활동방법

○ 곤충 밑그림이 그려진 배경그림을 보며 곤충들을 찾아본다.

- (배경그림판을 보여 주며) 숲 속 그림이 있어요. 곤충들의 그림자가 보이나요? 어떤 곤충의 그림자인가요?
  - 개미, 메뚜기, 매미, 사슴벌레, 무당벌레, 귀뚜라미

○ 곤충 그림자료를 배경그림판의 적절한 위치에 붙인다.

- 이 곤충은 무엇인가요?
- 배경그림판에서 그림자를 찾아 놓아 보세요.

○ 완성된 그림을 보며 곤충을 찾아본다.

- 개미는 어디에 있나요?
  - 땅 위를 기어가고 있다.
- 메뚜기는 어디에 있나요?
  - 풀잎에 앉아 있다.
- 또 어떤 곤충이 풀잎에 앉아 있나요?
  - 귀뚜라미
- 사슴벌레는 어디에 있나요?
  - 나뭇가지에 붙어 있다.
- 나무기둥에 있는 곤충들을 찾아보세요.
  - 매미가 나무기둥에 붙어 있다.
  - 무당벌레가 나무기둥을 기어 올라가고 있다.

○ 놀이 후 사용한 교구를 정리한다.

- 사용한 놀잇감은 제자리에 정리하세요.

관련활동

- 신체(게임) '매미 경주' (97쪽 참고)

활동 12 매미 경주

활동목표

- 매미의 성장과정에 관심을 갖는다.
- 근력과 민첩성을 기른다.
- 게임 방법을 알고 규칙을 지키며 게임을 한다.

활동방법

○ 유아들이 양편으로 나누어 의자에 앉는다.

○ 게임을 소개한다. TIP 2

- 매미가 되어서 게임을 할 거예요. 매미는 애벌레일 때 어디에서 사나요?
  - 땅 속에서 산다.
- 땅을 뚫고 나온 후 어떻게 하나요?
  - 나무를 타고 올라가서 허물을 벗고 어른 매미가 된다.

○ 게임자료를 살펴보며 게임방법을 이야기한다.

- 매미가 되기 전 땅 속에 사는 애벌레처럼 매트를 기어가서 구름다리 아래를 지나가세요.
- 나무 앞에 있는 매미 날개옷을 입고 출발했던 곳으로 달려오세요. 선생님과 먼저 악수를 하는 사람이 이기는 게임이에요.

게임 방법에 대해 이야기나누기

○ 게임방법을 시범 보인다.

○ 게임관람 태도에 대해 이야기한다.

- 다른 친구가 게임을 할 때 의자에 앉아 있는 사람들은 어떻게 해야 할까요?
  - 바르게 앉아서 게임을 지켜본다.
  - 응원을 한다.

집단형태

대집단활동

활동유형

신체(게임)

활동자료

출발 표시, 구름다리 2개, 매트 2개 TIP 1, 매미날개옷 2개, 평가자료(2가지 색 매미 그림 각 15개), 게시판

매미 날개옷

구름다리와 매트로 구성한 땅 속

평가자료

TIP 1 두께가 있는 매트를 준비하여 유아들이 기어서 갈 때 무릎을 다치지 않도록 한다.

TIP 2 매미의 성장에 관한 이야기나누기, 영상자료 감상 등의 활동을 통해 유아들이 매미가 자라는 과정에 대해 알아본 후에 본 게임을 한다.

땅 속 기어가기

매미 날개옷 입기

◯ 평가방법을 이야기한다.

- 먼저 들어온 사람이 있는 편에게 매미 한 마리를 줄 거예요.
- 게임이 끝나면 매미가 많은 편이 이기는 거예요.

◯ 게임을 한다.

◯ 게임을 평가한다.

- 매미가 몇 마리인지 같이 세어 보세요.
- △△편은 몇 마리인가요? ○○편은 몇 마리인가요?
- 어느 편의 매미가 몇 마리 더 많나요?
  - △△편의 매미가 2마리 더 많다.
- 이번 게임은 △△편이 이겼어요. △△편에게 게임을 잘해 주었다고 박수쳐 줍시다. ○○편도 열심히 게임했다고 박수쳐 주세요.

◯ 2차 게임을 하고 평가한다.

◯ 응원 태도에 대해 이야기 나눈다.

- △△편과 ○○편 모두 바르게 앉아서 응원을 잘해 주었나요?
- 바른 태도로 열심히 응원했다고 서로에게 박수쳐 주세요.

◯ 유아들과 함께 게임자료를 정리한다.

관련활동

- 수학 · 조작 영역 '곤충의 그림자 찾기' (96쪽 참고)

활동 13 여름나무 꾸미기

활동목표

- 여름철 식물이 성장하는 모습에 관심을 갖는다.
- 다양한 재료를 활용하여 작품을 만든다.
- 친구와 협력하는 태도를 기른다.

활동방법

○ 봄과 여름에 찍은 유치원 마당 사진을 보며 어떻게 다른지 이야기를 나눈다.
- 여름이 되니 유치원 마당의 모습이 어떻게 변했나요?
  - 나뭇잎의 색깔이 더 진한 초록색으로 변했다.
  - 나뭇잎이 더 커졌다.

○ 여름나무를 만들어 교실 벽면을 꾸며 보기로 한다.
- 마당에 있는 나무처럼 커다란 여름 나무를 교실 안에 꾸며 볼 거예요.

○ 나무기둥을 만든다.
- 나무기둥과 가지를 어떻게 꾸며 볼 수 있을까요?
  - 갈색 종이를 길게 잘라 나무기둥과 가지를 꾸민다.
  - 모루도장을 찍거나 붓으로 색칠한다.
  - 크레파스로 색칠한다.
  - 종이를 오리거나 찢어서 붙인다.

○ 나뭇잎을 표현한다.
- 나뭇잎을 어떻게 꾸밀까요?
  - 초록색, 연두색 종이를 나뭇잎 모양으로 오려 붙인다.
  - 나뭇가지 주변에 나뭇잎 모양 모루도장을 찍는다. TIP 1
  - 손바닥 찍기 작품을 오려 붙인다. TIP 2
  - 붓에 물감을 묻혀 나뭇잎 모양으로 찍거나 그린다.
  - 크레파스나 사인펜으로 그린다.

○ 봄동산 꾸미기 작품이나 사진을 함께 전시한다. 이후 가을과 겨울 나무 꾸미기 작품도 함께 전시하며 계절의 변화에 따른 나무의 변화를 한눈에 볼 수 있도록 한다.

관련활동

- 과학 영역 '여름철 꽃의 변화 관찰' (100쪽 참고)

집단형태

자유선택활동

활동유형

조형 영역

활동자료

봄부터 여름까지의 변화 모습을 찍은 유치원 마당 사진, 색지, 가위, 풀, 나뭇잎 모양 모루도장, 물감그릇, 물감, 여러 가지 재질(예: 수세미, 자른 헝겊, 스펀지 등)의 붓, 크레파스, 사인펜

TIP 1 유아들이 도장을 사용한 후 같은 색 물감 접시에 정리할 수 있도록 색깔 띠를 두른다.

TIP 2 손가락끝, 주먹, 손바닥 전체 등 손의 다양한 부분을 여러 방향으로 찍어 보게 하여 나뭇잎을 표현하도록 격려한다.

여름 나무 꾸미기

활동 14

여름철 꽃의 변화 관찰

집단형태

자유선택활동

활동유형

과학 영역

활동자료

봄에 심은 꽃(봉선화, 나팔꽃, 분꽃) 화분, 꽃이 자라는 과정을 찍은 사진 TIP

TIP 교사는 봄부터 여름까지 유아들이 화분에 심은 꽃이 자라는 모습과 유아들이 꽃을 돌보는 모습을 촬영하여 과학 영역의 벽면에 게시한다.

활동목표

- 여름에는 동 · 식물이 많이 자라고 성장함을 안다.
- 식물이 자라는 모습에 호기심을 갖고 관찰하는 태도를 기른다.
- 생명체를 소중히 여기고 돌보는 태도를 기른다.

활동방법

○ 사진자료를 보며 봄에 심은 꽃들에 대해 이야기한다.

- 봄에 꽃씨를 심었어요. 어떤 꽃씨를 심었나요?
  - 봉선화(봉숭아), 나팔꽃, 분꽃 등
- 화분에 꽃씨를 심고 물을 주었더니 무엇이 나왔나요?
  - 새싹
- 새싹이 잘 자라도록 우리가 어떻게 돌보았나요?
  - 매일 물을 주었다.
  - 화분에 생긴 잡초를 뽑아 주었다.
  - 건강하게 자라라고 말해 주었다.
  - 나팔꽃이 타고 올라갈 수 있는 줄을 매달아 주었다.
- 우리가 정성스럽게 돌보아 주어서 꽃들이 건강하게 잘 자랐어요. 그동안 꽃들이 얼마나 많이 자랐는지 살펴봅시다.

○ 봉선화(봉숭아)가 자라난 모습을 관찰한다.

- 봉선화(봉숭아)는 어떻게 변했나요?
  - 키가 많이 자랐다.
  - 줄기가 굵고 튼튼해졌다.
  - 줄기가 초록색과 붉은색으로 보인다.
  - 잎이 많아졌다.
  - 분홍색 꽃이 피었다.
  - 열매가 맺히기도 했다.
- 봉선화(봉숭아)는 생김새가 어떤가요?
  - 분홍색이다.
  - 세모 모양 꽃잎이 여러 장 모여 있다.
- 봉선화(봉숭아)의 잎은 생김새가 어떤가요?

- 잎이 길쭉하다.
- 잎의 가장자리는 뾰족뾰족하다.

■ 봉선화(봉숭아)의 열매를 찾아보았나요? 어떻게 생겼나요?

- 부드러운 털이 나 있다.
- 주머니처럼 생겼다.

■ 봉선화(봉숭아) 열매 안에는 씨앗이 들어 있어요. 씨앗이 잘 여물면 열매 주머니가 터지면서 씨앗이 멀리까지 날아가게 돼요.

○ 나팔꽃이 자라난 모습을 관찰한다.

■ 나팔꽃은 어떻게 생겼나요?

- 나팔처럼 생겼다.
- 꽃의 아랫부분은 가늘고, 꽃잎은 활짝 펼쳐져 있다.
- 나팔꽃의 잎은 작은 손바닥 모양 같다.
- 꽃봉오리가 있다.

■ 나팔꽃의 줄기는 어떻게 생겼나요?

- 줄기가 가느다랗고 구불구불하다.
- 꼬불꼬불 꼬여 있다.
- 우리가 매달아 준 줄을 타고 높이까지 올라갔다.

○ 분꽃이 자라난 모습을 관찰한다.

■ 분꽃의 생김새는 어떤가요?

- 분홍색이다.
- 나팔꽃과 닮았다.

■ 분꽃의 잎은 생김새가 어떤가요?

- 잎이 길쭉하다.
- 잎의 가장자리는 매끈하다.
- 잎이 서로 마주보고 양옆으로 나 있다.

확장활동

■ 봉선화(봉숭아), 나팔꽃, 분꽃은 여름에서 가을까지 꽃을 피운다. 꽃이 진 후에는 유아들과 함께 씨앗을 받아 다음해 봄에 심도록 한다.

관련활동

■ 조형 영역 '여름나무 꾸미기' (99쪽 참고)

■ 동시 '나팔꽃' (102쪽 참고)

활동 15

나팔꽃

집단형태

대집단활동

활동유형

동시

활동자료

사진(나팔꽃, 나팔꽃 줄기) TIP, 동시자료

'나팔꽃' 동시자료

TIP 봄에 유아들과 나팔꽃 씨앗을 심었을 경우 실제 나팔꽃을 수업자료로 사용한다.

활동목표

- 나팔꽃의 모습과 특성을 안다.
- 반복된 구절을 낭송하며 운율을 느낀다.
- 의성어와 의태어 표현을 이해한다.

활동방법

○ 나팔꽃을 심은 경험을 회상한다.
- 지난봄 유치원에서 어떤 꽃씨를 심었나요?
  - 나팔꽃, 분꽃, 봉숭아꽃
- 선생님이 나팔꽃을 심은 화분을 가져왔어요.

○ 나팔꽃의 생김새에 대해 이야기한다.
- 꽃잎이 어떻게 생겼나요?
  - 나팔 모양처럼 생겼다.
  - 꽃잎의 윗부분은 넓게 퍼져 있고 아랫부분은 좁게 모아져 있다.
- 나팔꽃의 줄기는 어떻게 자라나요?
  - 다른 식물의 줄기나 벽을 감고 올라간다.
- 나팔꽃 봉오리는 언제 활짝 피나요?
  - 아침 일찍 꽃봉오리가 펴졌다가 낮이 되면 오므려진다.

○ 동시를 소개한다.
- 나팔꽃을 보고 지은 동시가 있어요. 강현호 작가가 지은 '나팔꽃' 이라는 동시예요.

○ 교사가 '나팔꽃' 동시를 낭송한다.

○ 동시를 듣고 난 후의 느낌을 이야기한다.
- 동시를 들으면서 어떤 생각을 했나요?

○ 동시의 내용에 대해 이야기 나눈다.
- 나팔꽃이 어떻게 올라간다고 했나요?
  - 엉금엉금 기어 올라간다.
- 왜 나팔꽃이 아침부터 나팔을 분다고 생각했을까요?
  - 아침에 꽃봉오리가 펴지기 때문이다.

○ 교사와 유아들이 함께 동시를 낭송한다.

○ 동시 내용에 어울리는 손동작을 하며 동시를 낭송한다.

- '엉금엉금' 올라가는 모습을 몸으로 표현해 봅시다.
- '따따따' 손나팔 부는 모습은 어떻게 나타낼 수 있을까요?
- 동시를 낭송하면서 '엉금엉금', '따따따' 부분을 몸을 움직이며 나타내 보세요.

관련활동

- 과학 영역 '여름철 꽃의 변화 관찰' (100쪽 참고)

동 시

나팔꽃

강현호

사다리도 없이
엉금엉금
기어올라가

아침부터
따따따
손나팔 부는

우리 동네
수다쟁이

활 동
16 여름 생각

집단형태
대집단활동

활동유형
노래

활동목표

- 여름철 과일의 종류를 안다.
- 즐거운 마음으로 노래를 부른다.

활동방법

○ 여름철 과일에 대해 이야기 나눈다.
- 여름철 과일에는 어떤 것들이 있나요?
  - 수박, 참외, 복숭아, 자두 등

○ 교사가 노래를 부른다.
- 여름을 떠올리며 부르는 노래가 있어요. 선생님이 먼저 들려줄게요.

○ 노랫말에 대해 이야기 나눈다.
- 여름을 생각하면서 몸을 어떻게 움직였나요?
  - 신이 나서 어깨가 으쓱거렸다.
- 왜 신이 났나요?
  - 참외, 수박과 같은 맛있는 여름철 과일을 먹을 수 있어서 신이 났다.
- 우리도 어깨를 으쓱으쓱 움직여 봐요.

○ 피아노 소리로 멜로디를 듣는다.

○ 교사와 유아가 노래를 나누어 부른다.
- 선생님이 먼저 '여름을 생각하면 어깨가 으쓱으쓱' 부분을 부르면, ○○○반 어린이들은 '시원한 수박, 맛있는 참외, 아이 맛있겠네' 부분을 불러 보세요.

○ 교사와 유아가 다 함께 노래를 부른다.

○ 장구장단에 맞춰 노래를 부른다. TIP
- 이 노래는 느린 장구 장단인 '굿거리장단'에 맞춰서 부를 수 있어요. 선생님이 먼저 장구 장단에 맞춰 노래를 불러 줄게요.
- 장구 장단에 맞추어 노래를 들으니 어떤 기분이 들었나요?
- 다 함께 장구 장단에 맞춰 노래를 불러 보도록 해요.

TIP 유아들이 노래에 익숙해진 후에 장구 장단에 맞춰 노래를 부른다. 장구 장단의 흥겨움을 살려 노래를 부를 수 있도록 한다.

관련활동

- 역할 놀이 영역 '과일 · 야채 가게 놀이' (110쪽 참고)
- 과학 '과일 주스 셔벗 만들기' (55쪽 참고)

악 보

여름 생각

작사 이정옥
작곡 신인순

활동 17

수박

집단형태

대집단활동

활동유형

노래

활동자료

수박 사진, 노래자료(수박의 표면과 속 그림, 1/2, 1/4 크기로 자른 수박 그림)

수박 자료 앞면

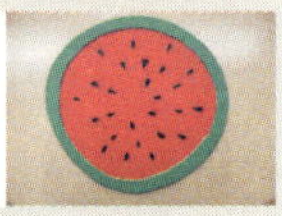

수박 자료 뒷면

1/2, 1/4 크기 수박

활동목표

- 수박의 생김새를 안다.
- 여름을 시원하고 즐겁게 보내는 방법을 안다.
- 즐거운 마음으로 노래를 부른다.

활동방법

○ 수박에 대해 이야기 나눈다.

- (실물이나 사진자료를 보며) 수박의 겉은 어떻게 생겼나요?
  - 둥그런 모양이다.
  - 초록색 바탕에 검정색 줄무늬가 있다.
  - 꼭지가 있다.
- 수박을 자르면 속이 어떻게 생겼나요?
  - 빨간색이다.
  - 검정색, 노란색 씨가 있다.
  - 수박 껍질과 속 사이에 하얀 부분이 있다.
- 수박을 먹으면 어떤 맛이 나나요?
  - 달콤하다.

○ 노랫말을 이야기로 들려준다.

- 선생님이 어제 수박을 사러 과일 가게에 갔었어요. 잘 익은 수박을 고르려고 수박을 '통통통' 두드려 보았어요(수박 그림을 손으로 두드린다). 그리고 잘 익은 커다란 수박 한 개를 사서 집으로 왔어요.
- 집에 와서 수박을 반으로 쪼갰어요(1/2로 자른 수박 개체를 보여 준다).
- 수박을 몇 번 더 쪼갠 후에 (1/4로 자른 수박 개체를 보여 준다) 가족들과 함께 맛있게 먹었어요.
- 수박을 먹을 때 하모니카를 부는 것처럼 먹었어요. 어떤 소리가 들렸을까요? '쭉쭉 쭉쭉쭉, 쓱쓱 쓱쓱쓱, 싹싹 싹싹싹, 쭉쭉 쓱쓱 싹' 하는 소리가 났어요. TIP
- ○○○반 어린이들도 선생님처럼 수박을 먹어 볼까요? 모두 노래를 부르면서 수박을 먹어 봅시다.
  - 쭉쭉 쭉쭉쭉, 쓱쓱 쓱쓱쓱, 싹싹 싹싹싹, 쭉쭉 쓱쓱 싹(2번 반복)

TIP 수박 먹는 모습을 손동작으로 표현한다. '쭉쭉 쭉쭉쭉' 부분은 두 손을 모아 입 앞에서 가로로 움직이고, '쓱쓱 쓱쓱쓱' 부분은 세로로 움직인다. 마지막 '싹싹 싹싹싹' 부분은 입 주위에서 빙글빙글 돌린다.

○ 교사가 노래를 부른다.

- 커다란 수박을 하모니카 불듯이 맛있게 먹는 모습을 담은 노래가 있어요. 이 노래의 제목은 '수박' 이에요. 선생님이 노래를 부를테니 잘 들어 보세요.

○ 다 함께 노래를 부른다.

- 이번에는 처음부터 끝까지 함께 노래를 불러 보도록 해요.

○ 유아들이 노래가 익숙해지면 '조그만 수박 하나' 로 노랫말을 바꾸어 부른다. 조그만 수박으로 노래를 부를 때에는 목소리와 손동작을 작게 하여 부른다.

관련활동

- 역할 놀이 영역 '과일 · 야채 가게 놀이' (110쪽 참고)
- 노래 '여름 생각' (104쪽 참고)

악 보

수박

작사 김영광
작곡 오상철

활동 18

방울토마토 수확하기

집단형태

소집단활동(약 10명)

활동유형

과학

활동자료

봄에 심은 방울토마토 모종, 거름, 모종삽, 물조리개, 방울토마토 지지대, 노끈 또는 철사, 사진기, 토마토 담을 바구니, 방울토마토의 성장과정을 찍은 사진자료

활동목표

- 방울토마토가 자라는 과정에 호기심을 갖고 지속적으로 관찰한다.
- 방울토마토를 수확하며 보람을 느낀다.

활동방법

| 방울토마토 돌보기 - 물주기와 곁눈 제거하기 |

○ 방안놀이 시간에 개별적으로 모종에 물을 준다. TIP 1

○ 곁눈을 떼어내야 함을 알려준다.

- 방울토마토 줄기의 가지 중에는 필요 없는 가지가 나기도 해요. 이것을 '곁눈'이라고 해요. 방울토마토가 열리는 가지 옆에 비스듬하게 나기도 해요. 곁눈은 어떻게 해야 할까요?
  - 잘라낸다.
- 곁눈을 왜 잘라야 할까요?
  - 방울토마토에게 필요한 영양분을 빼앗아 가기 때문이다.

○ 곁눈을 떼어 준다. TIP 2

| 방울토마토 돌보기 - 지지대 세우기 |

○ 방울토마토 모종이 자라는 모습을 관찰한다.

- 방울토마토 모종이 점점 어떻게 변하고 있나요?
  - 키가 커지고 잎도 많아졌다.
  - 키가 커서 옆으로 쓰러지기도 한다.

○ 지지대를 세우는 이유에 대해 이야기한다.

- 방울토마토가 점점 커지면서 옆으로 쓰러지기도 해요. 이제 곧 열매가 열리면 무거워서 혼자 힘으로는 서 있기가 힘들어요. 무엇이 필요할까요?
  - 지지대
- 방울토마토 줄기가 잘 서 있도록 지지대를 세워줄 거예요. 지지대를 세우면 서 있기가 쉽고, 열매가 많이 달려도 쓰러지지 않아요.

○ 지지대를 세운다.

| 방울토마토 수확하기 |

○ 봄에 방울토마토를 심었던 활동을 회상한다. TIP 3

TIP 1 방울토마토 모종에 하루에 두 번(오전과 오후) 물을 주는 것이 좋다. 물을 줄 때에는 잎사귀가 흠뻑 젖을 정도로 충분히 주도록 한다.

TIP 2 유아들 스스로 곁눈을 구분하기 어려우므로 토마토를 가꾸는 동안 교사가 개별적으로 알려 준다.

TIP 3 방울토마토 모종을 심은 후 성장하는 과정에 대해 글과 사진으로 기록한 자료를 활용한다.

- 지난봄 화분(텃밭)에 무엇을 심었나요?
  - 방울토마토
- 방울토마토를 심고 어떻게 돌보아 주었나요?
  - 매일 물을 줬다.
  - 곁눈을 제거했다.
  - 지지대를 세웠다.

○ 방울토마토가 열린 것을 관찰한다.

- 방울토마토 모종의 모습이 어떤가요?
  - 방울토마토가 열렸다.
- 방울토마토가 어떻게 생겼나요?
  - 동그랗고 큰 토마토와 비슷하게 생겼는데 크기가 작다.
  - 꼭지는 초록색이고 별 모양처럼 생겼다.
- 가지에 열린 방울토마토의 색깔이 어떤가요?
  - 연두색, 초록색, 빨간색
- 연두색과 초록색 방울토마토는 아직 익지 않은 거예요. 잘 익은 토마토는 무슨 색깔일까요?
  - 빨간색
- 방울토마토가 잘 익으면 우리가 따서 먹을 수 있어요.

○ 잘 익은 방울토마토를 딴다.

○ 방울토마토를 흐르는 물에 씻어 바구니에 담는다.

- 방울토마토를 깨끗하게 씻어서 바구니에 담아 보세요.

○ 수확한 방울토마토를 간식이나 후식으로 먹는다.

잘 익은 방울토마토 수확하기

관련활동

- 역할 놀이 영역 '과일 · 야채 가게 놀이' (110쪽 참고)

활동 19 과일 · 야채 가게 놀이

집단형태

자유선택활동

활동유형

역할 놀이 영역

활동자료

과일 모형, 야채 모형, 바구니, 카트, 계산기, 저울, 믹서기, 얼음 모형, 장바구니, 진열대

과일 · 야채 가게놀이 환경구성

장보기

활동목표

- 과일, 야채의 종류와 생김새를 안다.
- 물건을 사고파는 방법을 안다.
- 친구와 협력하는 태도를 기른다.

활동방법

○ 방안놀이를 마친 후 놀이 평가 시간에 모여 역할 놀이 영역의 과일 · 야채 가게 놀이를 소개한다.

- 역할 놀이 영역에서 무슨 놀이를 하고 있나요?
  - 과일 가게, 야채 가게 놀이를 하고 있다.

○ 과일 · 야채 가게 놀이를 했던 유아들의 경험을 이야기 나눈다.

- 과일 · 야채 가게에서 어떻게 놀이했나요?
  - 손님과 주인 역할을 맡아서 가게 놀이를 했다.

○ 손님 역할에 대하여 이야기를 나눈다.

- 손님은 가게에 들어와서 먼저 무엇을 해야 할까요?
  - 과일과 야채를 넣을 카트나 바구니를 든다.
- 바닥에 화살표 표시는 무엇일까요? 뭐라고 적혀 있나요?
  - '카트 방향' 이라고 쓰여 있다. 카트를 끌고 다니는 방향이다.
- 필요한 과일과 야채를 카트나 바구니에 다 담은 다음에는 무엇을 해야 할까요?
  - 과일과 야채의 값을 계산한다.
- 계산은 어떻게 해야 할까요?
- 계산대에 가지고 가서 주인에게 뭐라고 말해야 할까요?
  - "계산해 주세요."
- 주인이 장바구니에 물건을 담아 주면 뭐라고 인사해야 할까요?
  - "고맙습니다.", "감사합니다.", "안녕히 계세요."

○ 가게의 주인 역할에 대하여 이야기를 나눈다.

- 주인을 하려면 어디에 있어야 할까요?
  - 가게 안에 들어가서 계산대 앞에 앉아 손님을 기다린다.
- 손님이 오면 뭐라고 인사해야 좋을까요?

- "안녕하세요.", "어서 오세요.", "무엇을 드릴까요?"

■ 계산은 어떻게 하는 것일까요?
- 손님이 바구니에 담아 온 과일과 야채를 저울에 올려놓고 무게를 잰다.
- 계산기에 연결된 바코드로 찍어서 계산한다.
- "○○ 원입니다."라고 말하고 손님이 주는 돈을 받는다.
- 과일과 야채를 장바구니에 담아 준다.

■ 손님이 갈 때는 뭐라고 인사할까요?
- "안녕히 가세요.", "또 오세요.", "감사합니다."

○ 다음날 방안놀이 시간에 원하는 유아들이 과일 · 야채 가게 놀이를 한다.

○ 놀이를 한 후 평가하는 시간을 갖는다.

■ 과일 · 야채 가게 놀이를 할 때 어떤 점이 재미있었나요?

■ 불편했던 점이 있었나요? 무엇이 불편했나요?
- 과일과 야채를 사러 왔는데 가게에 물건이 거의 없었다.
- 먼저 놀이했던 사람들이 물건을 산 후 장바구니에 넣어둔 채로 갔기 때문이다.

■ 어떻게 하면 불편한 점을 해결할 수 있을까요?
- 필요한 만큼만 과일, 야채를 산다.
- 놀이를 마친 다음 샀던 과일과 야채를 제자리에 정리한다.

계산하기

과일 · 야채 가게 놀이 평가하기

주스 만들기

확장활동

■ 유아들이 놀이에 익숙해지면 과일과 야채를 갈아서 주스로 만들어 주는 과일 · 야채 주스 가게 놀이를 병행할 수 있다.

관련활동

■ 노래 '수박' (106쪽 참고)

■ 노래 '여름 생각' (104쪽 참고)

■ 과학 '과일 주스 셔벗 만들기' (55쪽 참고)

■ 과학 '방울토마토 수확하기' (108쪽 참고)

활동 20

옆에 옆에

집단형태

대집단활동

활동유형

율동

활동자료

율동 테이프, 카세트 플레이어

활동목표

- 노랫말에 맞추어 규칙성 있는 동작을 표현한다.
- 다른 사람과 협력하는 태도를 기른다.

활동방법

○ 활동을 소개한다.

- 오늘은 노래를 듣고 노랫말에 맞추어 몸을 움직이는 율동을 해 볼 거예요.

○ 교사가 노래에 맞추어 율동을 시범 보인다.

- 선생님이 율동을 보여 줄게요.

○ 각 동작을 소개한다.

| 1절 |

① 옆에 옆에 옆에

- 짝끼리 마주보고 서서 두 손을 잡으세요.
- 두 손을 흔들면서 오른쪽으로 두 걸음 가세요.

② 인사하세요

- 손을 놓고 마주보고 있는 짝과 인사를 하세요.

③ 옆에 옆에 옆에

- 이번에는 두 손을 잡고 왼쪽으로 두 걸음 가세요.

④ 인사하세요

- 마주보고 있는 짝과 다시 인사를 하세요.

⑤ 위로 아래로

- '위로' 부분에서는 두 손을 마주잡고 한쪽을 위로 올리세요. 이때 올린 손과 같은 쪽의 발을 앞으로 뻗어 뒤꿈치를 땅에 대세요.
- '아래로' 부분에서는 다른 손을 위로 올리고, 올렸던 손은 아래로 내리세요. 올린 손과 같은 쪽의 발을 앞으로 뻗어 뒤꿈치를 땅에 대세요.

⑥ 위로 아래로

- ⑤, ⑥ 동작을 반복하세요.

○ 6~8명 정도의 유아들이 앞에 나와서 율동해 본다. TIP

- 바닥에 앉아 있는 어린이들은 앞으로 나와서 친구와 짝을 만들어 보세요.

TIP 율동할 때 교사가 노랫말을 미리 말해 주어 유아들이 다음 동작을 예측할 수 있도록 한다.

■ 노래에 맞추어 처음부터 끝까지 율동을 해 보세요.

○ 반 집단씩 율동하고 율동 동작을 평가하여 어려웠던 동작을 다시 한 번 해 본다.

■ 율동 중에서 어려웠던 동작이 있나요? 어떤 부분인가요?

○ 다 함께 율동한다.

| 2절 |

○ 2절 노래를 들려주고 노랫말에 대해 이야기한다.

■ 노래의 2절을 들려줄게요. 1절과는 어떻게 다른지 잘 생각하면서 들어 보세요.

■ 2절 노랫말과 1절 노랫말은 어떻게 다른가요?

• '인사하세요' 부분이 '뺑 돌아 손뼉' 으로 바뀌었다.

○ 교사가 시범 보인다.

■ 2절 노래에 맞추어 율동 동작도 바뀔 거예요.

■ 선생님이 율동하는 모습을 잘 보세요.

○ 2절 동작을 소개한다.

■ '뺑 돌아 손뼉' 부분에서는 제자리에서 한 바퀴 돌고 손뼉을 두 번 치세요.

■ '위로' 부분에서는 머리 위로 두 손을 뻗어 손뼉을 치고, '아래로' 부분에서는 한쪽 다리를 무릎을 굽혀 올리고 그 아래에서 손뼉을 치세요.

○ 반 집단씩 율동하고 평가한다.

○ 다 함께 율동한다.

| 3절 |

○ 3절 노래를 들려준다.

■ 노래의 3절을 들려줄게요. 어떻게 율동할지 잘 생각하면서 들어보세요.

■ 3절 노랫말과 1절(2절) 노랫말은 어떻게 다른가요?

• '인사하세요(뺑 돌아 손뼉)' 부분이 '춤을 춥시다' 로 바뀌었다.

○ 교사가 시범 보인다.

■ 3절 노래에 맞추어 율동 동작도 바뀔 거예요.

■ 선생님이 율동하는 모습을 잘 보세요.

○ 2절 동작을 소개한다.

■ '춤을 춥시다' 부분에서는 짝과 함께 마주 보고 자유롭게 춤을 추세요.

■ '위로' 부분에서 머리 위로 손을 뻗어 흔들고, '아래로' 부분에서는 허리를 구부리고 손을 등 뒤로 뻗어 흔드세요.

○ 반 집단씩 율동하고 평가한다.

○ 다 함께 율동한다.

동작

| 1절 |

설명	동작
① 옆에 옆에 옆에 두 손을 마주 잡고 흔들면서 오른쪽으로 두 걸음 걷는다.	
② 인사하세요 앞 사람과 인사한다.	
③ 옆에 옆에 옆에 두 손을 마주 잡고 흔들면서 왼쪽으로 두 걸음 걷는다.	
④ 인사하세요 앞 사람과 인사한다.	
⑤ 위로 아래로 두 손을 마주 잡고 한쪽을 위로 올린다. 한쪽 발은 뒤꿈치를 땅에 댄다. 반대로 바꾸어 다른 쪽 손을 위로 올리고, 올렸던 손은 아래로 내린다. 발도 반대쪽 발로 바꾸어 뒤꿈치를 땅에 댄다.	 
⑥ 위로 아래로 ⑤번 동작을 반복한다.	 
⑦ 위로 아래로 위로 아래로 ⑤, ⑥번 동작을 반복한다.	   

| 2절 |

설명	동작
① 옆에 옆에 옆에 두 손을 마주 잡고 흔들면서 오른쪽으로 두 걸음 걷는다.	
② 뺑 돌아 손뼉 자기 자리에서 한 바퀴 돌고 손뼉을 두 번 친다.	
③ 옆에 옆에 옆에 두 손을 마주잡고 흔들면서 왼쪽으로 두 걸음 걷는다.	
④ 뺑 돌아 손뼉 ②번 동작을 반복한다.	
⑤ 위로 아래로 머리 위로 손을 뻗어 손뼉을 친다.	
⑥ 위로 아래로 ⑤번 동작을 반복한다.	
⑦ 위로 아래로 위로 아래로 위로 아래로 ⑤, ⑥번 동작을 반복한다.	

| 3절 |

설명	동작
① 옆에 옆에 옆에 두 손을 마주 잡고 흔들면서 오른쪽으로 두 걸음 걷는다.	
② 춤을 춥시다 자유롭게 춤을 춘다.	
③ 옆에 옆에 옆에 두 손을 마주 잡고 흔들면서 왼쪽으로 두 걸음 걷는다.	
④ 춤을 춥시다 ②번 동작을 반복한다.	
⑤ 위로 아래로 머리 위로 손을 뻗어 흔든다. 허리를 구부리고 손을 등 뒤로 뻗어 흔든다.	
⑥ 위로 아래로 ⑤번 동작을 반복한다.	
⑦ 위로 아래로 위로 아래로 위로 아래로 ⑤, ⑥번 동작을 반복한다.	

악 보

엿에 엿에

※이 율동은 이화여자대학교 사범대학 교육학과에서 발행한 '율동곡집' (이은화, 김순세 공편(1973). 어린이 춤곡(p.66). 형설출판사)에 수록된 '날뛰기' 의 일부를 편곡하고 노랫말을 붙여 사용한 것이다.

4. 여름방학

활동 1 1학기 회상하기

집단형태
대집단활동

활동유형
이야기나누기

활동자료
한 학기 동안의 유치원 생활이 담긴 PPT 자료 TIP 1, 노트북, 프로젝터, 스크린, 레이저포인터

TIP 1 놀이 및 행사 사진을 시간순으로 정리하여 제작한다.

TIP 2 사진을 감상하는 동안 잔잔한 배경음악을 틀어 준다.

PPT 자료의 예

활동목표

- 1학기에 있었던 일을 회상하며 느낀 점을 표현한다.

활동방법

○ 한 학기 동안의 유치원 생활을 회상한다.

- 이제 내일이면 여름방학을 해요. 방학을 하면 오랫동안 유치원에 오지 않아요. 그동안 유치원에서 무엇을 하며 지냈나요?
- 지금까지 ○○○반에서 어떤 일들이 가장 기억에 남나요? 어떤 놀이가 재미있었나요?
  - 친구들과 블록으로 쌓기 놀이했던 것이 재미있었다.
  - 마당에서 뛰어논 것이 좋았다.
  - ○○○로 소풍을 가서 재미있게 놀았다.
  - 물놀이가 재미있었다.
  - 가족 봄놀이 마당이 재미있었다.

○ PPT 자료를 보면서 한 학기 동안의 유치원 생활을 회상하며 이야기 나눈다. TIP 2

- 우리가 그동안 ○○○반에서 지내는 동안 어떤 일들이 있었는지 사진을 준비해 왔어요. 함께 보면서 이야기해 봅시다.
- 무엇을 하는 사진인가요?
  - 방안놀이 시간에 쌓기 놀이, 역할 놀이 등을 하는 모습이다.
  - 마당 놀이 시간에 모래 놀이를 하고 자전거를 타는 모습이다.
  - 동화를 보고 동극을 하는 모습이다.
  - 봄소풍, 가족의 날, 물놀이 모습이다.
- 사진을 보니 어떤 느낌이 드나요?
  - 유치원에서 한 학기 동안 재미있게 지냈다.
  - 방학 동안 친구들이 보고 싶을 것 같다.

관련활동

- 조형 영역 '그림작품 정리하기' (121쪽 참고)

활동 2

그림작품 정리하기

활동목표

- 자신의 그림작품을 소중하게 다룬다.
- 자신의 물건을 스스로 정리하는 습관을 기른다.

활동방법

○ 장 서랍에 보관되어 있는 자신의 그림을 정리할 것임을 안내한다.

- 여름방학을 하기 전 장에 있는 작품들을 정리할 거예요.
- 개인장에 있는 그림들을 왜 정리해야 할까요?
  - 개인장에 계속 쌓아 두면 개인장이 가득 차서 서랍을 열고 닫기 어렵다.
  - 그동안 내가 어떤 것들을 그렸는지 한 번 살펴보고 방학 동안 가족들에게도 보여 줄 수 있다.

○ 방안놀이 시간에 유아와 교사가 함께 정리한다. TIP 2

- 장에 있는 그림들을 정리해 봅시다. 어떻게 정리할 수 있을까요?
  - 유아와 함께 그림을 모양별, 크기별로 모아 정리한다.
  - 큰 그림의 경우 날짜에 따라 순서대로 모아 스테이플러로 찍거나 끈으로 묶을 수 있다.
  - 유아 개인용 포트폴리오(작품모음집)에 넣을 작품은 따로 모은다. TIP 3

○ 정리한 그림 작품은 만들기 작품과 함께 종이 가방에 담아 방학 전 날 귀가 시, 집에 가지고 간다.

유의점

- 그림작품을 정리하는 활동은 한 학기에 2~3회 정도 실시한다.

관련활동

- 이야기나누기 '1학기 종업일' (124쪽 참고)
- 이야기나누기 '1학기 회상하기' (120쪽 참고)

집단형태

자유선택활동

활동유형

조형 영역

활동자료

유아 개인장 서랍에 보관되어 있는 개인 그림 작품, 스테이플러, 셀로판 테이프, 정리한 작품을 담을 봉투 TIP 1

TIP 1 개인장을 정리하기 전날 유아들에게 개인장을 정리하는 이유와 방법을 이야기하고 정리한 것을 담아 갈 종이가방을 가지고 오도록 한다.

TIP 2 본 활동은 방학하기 약 일주일 전부터 실시한다. 실내자유선택활동 시간에 교사와 유아가 함께 작품을 정리하며 정리한 작품들은 방학일 전날 집에 가져간다.

TIP 3 작품 중 유아의 발달과정을 관찰할 수 있거나 기록해 두어야 할 것이 있으면 교사가 따로 작품을 선정하여 포트폴리오에 보관한다.

활동 3

교실 정리

집단형태
대집단활동

활동유형
이야기나누기

활동자료
바구니, 신문지, 비닐, 셀로판 테이프 등

활동목표

- 방학을 하기 전 교실 정리의 필요성에 대해 안다.
- 주변을 깨끗이 하는 방법을 알고 실천한다.

활동방법

○ 여름방학일에 유아들과 교실 정리에 대해 이야기를 나눈다.

- 여름방학 동안에는 어린이들도 선생님도 유치원에 오지 않아요. 여름방학 동안 방 안에 먼지도 쌓이고 놀잇감이 더러워질 수 있어요.
- 우리가 여름방학을 마치고 다시 유치원에 왔을 때 깨끗하게 지낼 수 있도록 놀잇감과 장에 먼지가 들어가지 않게 신문지로 덮을 거예요.

○ 방학 동안 사용하지 않는 놀잇감을 정리하는 방법에 대해 이야기한다.

- 교실을 정리하는 방법에 대해 알려 줄게요. 어떻게 교실을 정리할지 잘 들어보세요.
  - 놀잇감을 바구니에 모은다.
  - 교구장 위에 있는 놀잇감은 교구장 안에 넣고 먼지가 들어가지 않도록 신문지, 비닐 등으로 덮는다.
  - 교실에 있는 화분은 햇볕이 드는 한 장소에 모은다.
  - 벽에 있는 게시물을 떼어서 한 곳에 모아 비닐에 담는다.

○ 각 흥미 영역별로 정리에 참여할 유아를 정하고 놀잇감을 정리한다. TIP

- 놀이하는 장소별로 나누어서 정리를 할 거예요. OO 영역은 O명이 함께 정리할 거예요. OO 영역을 정리하고 싶은 사람은 손을 드세요.
- 먼저 정리가 끝난 영역의 사람들은 정리가 끝나지 않은 친구들을 도와주세요.

○ 정리가 끝난 뒤 교실을 돌아보며 정리된 교실에 대한 느낌을 이야기한다.

- 정리가 다 되었어요. 정리를 마친 교실을 한 번 둘러봅시다.
- 교실을 모두 정리하고 나니 기분이 어떤가요?

유의점

- 교실 정리를 위해서 교사의 구체적인 사전 준비와 지도가 필요하다. 또한 교실 정리를 할 때 유아들의 안전에 유의한다.

TIP 흥미 영역에 따라 정리에 필요한 인원수는 다르므로 유아 수를 적절히 조절하여 배치한다. 예를 들어, 놀잇감의 종류와 수가 많은 쌓기 놀이 영역, 역할 놀이 영역에는 5~6명의 유아가 함께 정리하는 반면, 정리할 놀잇감의 수가 비교적 적은 언어 영역, 음률 영역, 과학 영역 등은 2~3명의 유아가 정리한다.

- 유아들이 정리하기 어려운 부분(예: 카펫 말기 등)은 유아들이 귀가한 후에 교직원이 정리한다.

관련활동

- 이야기나누기 '1학기 종업일' (124쪽 참고)
- 조형 영역 '그림작품 정리하기' (121쪽 참고)

활동 4

1학기 종업일

집단형태

대집단활동

활동유형

이야기나누기

활동자료

달력

활동목표

- 여름방학의 필요성을 안다.
- 여름방학 중에도 규칙적인 생활을 하는 태도를 기른다.
- 즐거운 마음으로 여름방학을 맞이한다.

활동방법

○ 내일부터 여름방학이 시작됨을 알리고 여름방학의 필요성에 대해 이야기한다.

- 내일은 무슨 날인가요?
  - 여름방학
- 왜 여름방학을 할까요?
  - 날씨가 너무 더워서 유치원에 오고 가기 힘들기 때문이다.
  - 집에서 지내거나, 친척집에 다녀오기도 하고 가족과 함께 여행을 갈 수도 있다.

○ 여름방학 동안 건강하게 생활하는 방법에 대하여 이야기를 나눈다.

- 방학 동안 건강하게 지내기 위해서, 튼튼하게 자라기 위해서 어떻게 해야 할까요?
  - 일찍 자고 일찍 일어나는 규칙적인 생활을 한다.
  - 덥다고 집 안에만 있지 않고 운동도 하고, 바깥에서도 놀이한다.
  - 찬 음식을 너무 많이 먹지 않는다.

○ 개학일에 대하여 이야기한다.

- 오늘은 ○월 ○일이에요. 방학을 마치고 다시 유치원에 오는 날은 ○월 ○일이에요. ○월 ○일이 되려면 며칠이 지나야 하는지 함께 세어 봐요.

○ 방학을 마친 후 방학 동안 만든 작품이나 수집한 물건을 유치원에 가져오기로 당부한다.

- 방학 동안 그린 그림이나 만든 작품을 개학일에 가져오세요.
- 바다나 산에 놀러갔을 때 친구들에게 소개해 주고 싶은 물건을 주워서 모아 두었다가 개학일에 가져오세요.
- 방학 동안 찍은 사진을 가져오세요.

○ 귀가 시간에 집으로 가져갈 것들을 소개한다.

- 오늘 집에 갈 때는 그동안 사용했던 소지품(예: 실내화, 실내화 주머니, 칫솔, 칫솔통, 여벌옷 등)을 가지고 가세요.

관련활동

- 이야기나누기 '교실 정리' (122쪽 참고)

활동 5 난 여름철이 좋아요

활동목표

- 여름의 계절적 특징에 대해 안다.
- 즐거운 마음으로 여름방학을 맞이한다.

활동방법

○ 좋아하는 계절에 대해 이야기를 나눈다.
- 우리나라에는 4가지 계절이 있어요. 어떤 계절이 있나요?
  - 봄, 여름, 가을, 겨울
- ○○○반 어린이들은 어떤 계절을 가장 좋아하나요?
- 왜 ○○를 좋아하나요?

○ 여름과 관련된 유아들의 경험을 이야기 나눈다.
- ○○○반 어린이들 중에 여름을 좋아하는 사람이 있나요? 왜 여름을 좋아하나요?
  - 여름에는 맛있는 과일(예: 수박, 자두, 참외 등)을 많이 먹을 수 있다.
  - 수영장이나 바다에서 수영을 할 수 있다.
  - 곤충들을 많이 볼 수 있다.
  - 곤충을 잡아 키울 수 있다.
  - 아이스크림과 팥빙수를 먹을 수 있다.

○ 교사가 노래를 부른다.
- 선생님이 노래를 들려줄 거예요. 이 노래에서는 왜 여름이 좋다고 하는지 들어 보세요.

○ 노랫말에 대해 이야기 나눈다.
- 이 노래에서는 왜 여름이 좋다고 했나요?
  - 푸른 바다로, 푸른 산으로 놀러 갈 수 있어서 좋다.

○ 교사가 노래를 다시 한 번 부른다.

○ 다함께 노래를 부른다.
- 여름철이 되어 푸른 바다, 푸른 산으로 놀러 가는 것을 생각하며 즐겁게 불러 보도록 해요.

○ 유아들이 노래에 익숙해지면 노랫말을 바꾸어서 노래를 부른다.
- 이번에는 노랫말을 바꾸어서 노래를 불러 보도록 해요.

집단형태

대집단활동

활동유형

노래

활동자료

어린이 손 인형, 여름철 풍경(푸른 산과 바다)이 담긴 사진자료

■ ○○○반 어린이들은 여름에 어디 가는 것이 좋은가요?
  - 푸른 바다, 푸른 산
■ 바다(산)에 가서 무엇을 하는 것이 좋은가요?
  - 바다에서 수영을 하는 것이 좋다.
  - 산에서 매미(잠자리)를 잡는 것이 재미있다.
■ '저 푸른 바다로 저 푸른 산으로' 부분을 '저 푸른 바다로 수영을 하-러/저 푸른 산으로 매미(잠자리)를 잡으러' 로 노랫말을 바꾸어 불러 보도록 해요.

관련활동

■ 노래 '여름 생각' (104쪽 참고)
■ 노래 '바닷가에서' (130쪽 참고)

악 보

난 여름철이 좋아요

체코민요

활동 6 2학기 개학일

활동목표

- 유치원 생활에 적응한다.
- 오랜만에 만난 선생님과 친구들에게 반가운 마음을 갖는다.

활동방법

○ 개학일에 교사는 등원하는 유아들을 반갑게 맞이하고 인사를 나눈다.

○ 방안놀이 시간이 끝난 후 모여 앉아 인사를 나눈다.

- 오늘은 무슨 날인가요?
  - 방학이 끝나고 다시 유치원에 온 날이다.
- 유치원에 다시 와서 누구를 만났나요?
  - 선생님, 친구들
- 오랜만에 만난 친구들과 선생님을 보니 어떤 마음이 드나요?
  - 반갑다. 좋다.
- 오랜만에 친구를 만났을 때 어떻게 했나요?
  - "안녕. 반가워. 그동안 잘 지냈어?" 라고 인사를 나누었다.

○ 교사는 유아들의 출결상황을 확인하고 친구들의 달라진 점에 대해 이야기를 나눈다.

- 선생님이 이름을 부르면 손을 들고 대답하세요. TIP
- ○○의 어떤 점이 달라졌나요?
  - 키가 컸다.
  - 몸이 컸다.
  - 머리 모양이 바뀌었다.

○ 방학 동안 유치원의 달라진 점에 대해 이야기 나눈다.

- 방학 동안 ○○○반의 모습이 어떻게 달라졌나요?
  - 새로운 놀잇감이 생겼다.
  - ○○ 영역과 △△ 영역의 위치가 바뀌었다.
- 유치원에 오면서 마당이나 현관, 복도의 모습을 본 사람 있나요?
- 어떻게 달라졌나요?
  - 마당 화분에 심은 봉숭아 꽃에 씨가 많이 달렸다. 열매가 커졌다.

집단형태

대집단활동

활동유형

이야기나누기

활동자료

유아들이 방학 동안 만들어 온 작품, 모아 온 물건, 사진

TIP 출석을 부를 때, 유아의 이름뿐만 아니라 달라진 점을 이야기하고 안부를 물어봄으로써 유아들이 친구들과 선생님으로부터 환영받고 있음을 느끼도록 한다.

유의점

■ 개학 첫날에 실시하는 활동이므로 오랜만에 집단활동에 참여하는 유아들의 집중 시간을 고려하여 이야기나누기 시간이 길어지지 않도록 한다.

관련활동

■ 이야기나누기 '방학 동안 지낸 일 들려주기' (129쪽 참고)

활동 7 방학 동안 지낸 일 들려주기

활동목표

- 여름방학 동안의 경험을 회상하고 표현한다.
- 친구들의 경험을 듣고 이해한다.

활동방법

○ 원 대형으로 모여 앉아 방학 동안 무엇을 하면서 지냈는지 회상한다.
- 방학 동안 무엇을 했는지, 어디에 다녀왔는지 생각해 보세요.
- 한 명씩 차례대로 방학 동안 있었던 일을 이야기해 봅시다.

○ 발표하는 사람과 듣는 사람의 태도에 대해 이야기한다.
- 말하는 사람의 목소리 크기는 어때야 할까요?
  - 목소리가 작으면 잘 들리지 않으므로 적절한 크기의 목소리로 이야기한다.
- 듣는 사람들은 어떻게 들어야 할까요?
  - 바른 자세로 앉아서 말하는 사람을 쳐다보며 이야기를 잘 듣는다.
  - 궁금한 점이 있을 때는 이야기가 끝나고 손을 들고 질문한다.

○ 방학 동안 재미있었던 일을 이야기 나눈다.
- 누가 먼저 이야기할까요? ○○부터 해보자.
- ○○는 방학 동안에 어떻게 지냈나요? 어떤 일이 재미있었나요?
- ○○의 이야기를 듣고, 궁금한 점이 있는 사람은 물어보세요.

유의점

- 교사는 유아들이 발표할 때 완성된 문장으로 발표할 수 있도록 지도한다.

예) 교사: "○○는 방학 동안 어디에 다녀왔니?"
유아: "수영장."
교사: "○○는 방학 동안 수영장에 다녀왔구나. 누구와 다녀왔니? 무엇을 했니? '나는 방학 때 사촌 형제들과 수영장에 가서 수영을 하고 미끄럼도 타고 놀았어.' 라고 말해 보겠니?"

확장활동

- 실내자유선택활동 시간에 방학 동안 재미있었던 일 그림을 그려 발표하고 그림을 모아 책으로 엮어 언어 영역에 제시한다.

집단형태

중집단활동(약 15명)

활동유형

이야기나누기

활동자료

유아들이 방학 동안 찍어온 사진

방학 동안 재미있었던 일 그림 보고 발표하기

활동 8 바닷가에서

집단형태

대집단활동

활동유형

노래

활동자료

자석 노래자료(바닷가 배경판, 아빠, 엄마, 누나, 나, 파도그림) TIP 1, 자석판

'바닷가에서' 노래자료

TIP 1 파도 모양의 코팅판이 모래사장 쪽으로 움직일 수 있도록 제작한다. 남자 아이의 화가 난 얼굴은 별도로 제작(뒷면에 밸크로 테이프 부착)하여 이야기의 흐름에 따라 웃는 얼굴 위에 덧붙인다.

파도가 밀려오기 전 웃는 얼굴

파도가 밀려온 후 화난 얼굴

TIP 2 이 노래는 91년도에 본원의 개나리반에 다니던 만 5세 유아가 방학 동안 지낸 일을 그림으로 그리고 이야기한 것에 교사가 곡을 붙인 것이다.

활동목표

- 여름방학 동안의 경험을 회상하고 표현한다.
- 여름을 시원하고 즐겁게 보내는 방법을 안다.

활동방법

○ 여름방학 동안 재미있었던 경험을 이야기 나눈다.
- 여름방학 동안 어디에 다녀왔나요?
  - 바다, 계곡, 시냇가, 산 등
- 그곳에서 무엇을 했나요?
  - 바다에서 아빠, 엄마와 수영을 하였다.
  - 계곡 물에 발을 담그고 시원한 수박을 먹었다.
  - 시냇가에서 물고기를 잡으며 놀았다.
  - 산에 가서 여러 가지 곤충을 잡았다.

○ 교사가 노래를 부른다. TIP 2
- ○○○반 어린이들처럼 여름방학을 재미있게 보낸 이야기를 담은 노래가 있어요. 노래 속에서 어떤 일이 있었는지 들어 보세요.

○ 그림자료를 보며 노랫말에 대해 이야기 나눈다.
- 남자 아이가 누구와 함께 바다에 갔나요?
  - 아빠, 엄마, 누나
- 바다에서 재미있게 놀다가 무슨 일이 생겼나요?
  - 파도가 밀려왔다.
- 파도가 밀려와서 남자 아이는 어떻게 했나요?
  - 화가 나서 파도를 발로 찼다.
- 파도를 찼더니 어떻게 되었나요?
  - 남자 아이의 신발이 젖었다.

○ 교사가 노래를 다시 한 번 부른다.

○ 교사와 유아가 함께 노래를 부른다.

관련활동

- 동시 '바다의 웃음' (134쪽 참고)
- 노래 '바다는 음악가' (132쪽 참고)
- 이야기나누기 '방학 동안 지낸 일 들려주기' (129쪽 참고)

악 보

바닷가에서

작사 노현태
작곡 김진영

활동 9

바다는 음악가

집단형태

대집단활동

활동유형

노래

활동자료

노래자료(파도가 치는 바다 모습이 담긴 사진이나 그림, 갈매기 그림), 소리자료(파도, 갈매기 소리가 녹음된 카세트 테이프 또는 CD), 카세트 플레이어 또는 CD 플레이어

'바다는 음악가' 노래자료

활동목표

- 바닷가에서 들을 수 있는 여러 가지 소리에 관심을 갖는다.
- 바닷가에서 들리는 소리를 듣고 바닷가 풍경을 상상한다.

활동방법

○ 바다에 다녀온 경험을 이야기 나눈다.

- 여름방학 동안 바다에 갔던 사람 있나요?
- 바다에 가서 어떤 것들을 보았나요?
  - 파도치는 모습을 보았다.
  - 넓은 모래사장을 보았다.
  - 갈매기를 보았다.
- 바닷가에서 어떤 소리들을 들었나요?
  - 파도 소리를 들었다.
  - 갈매기가 우는 소리를 들었다.
- ○○○반 어린이들이 이야기해 준 것처럼 바닷가에서 들을 수 있는 소리들을 들려줄게요.

○ 노랫말에 대해 이야기 나눈다.

- 선생님은 바닷가에 가서 여러 가지 소리를 듣고, 바다의 모습이 악기를 연주하고 노래를 부르는 음악가 같다고 생각했어요.
- 만약에 바다가 피아노를 칠 수 있다면 어떻게 연주할까요?
  - 파도를 쳐서 피아노를 친다.
  - 물고기들이 헤엄치며 피아노를 친다.
- 바다가 노래를 부른다면 어떻게 부를까요?
  - 파도 소리가 노래가 된다.
  - 갈매기 소리가 노래가 된다.

○ 교사가 노래를 부른다.

○ 그림자료를 보며 노랫말을 이야기한다.

- 바다는 피아노를 어떻게 쳤다고 했나요?
  - 갈매기 날개로 피아노를 쳤다.
- 노래는 어떻게 부른다고 했나요?

- 파도로 불렀다.
- "도레미파솔라시도 처얼석 처어르르"라고 불렀다.

◯ 피아노 소리로 음을 들려준다.

◯ 교사와 유아가 나누어 부른다.

■ 선생님이 먼저 "바다는 바다는 음악가죠. 갈매기 날개로 피아노 치고, 바다는 노래하죠. 파도로." 부분을 부르면 ○○○반 어린이들이 '도레미파 솔라시도 처얼썩 처어르르' 부분을 부르도록 해요.

■ 이번에는 역할을 바꾸어서 노래를 불러 보도록 해요.

◯ 교사와 유아가 다 함께 노래를 부른다.

관련활동

■ 언어 영역 '여름철 자연의 소리' (21쪽 참고)

■ 노래 '바닷가에서' (130쪽 참고)

■ 동시 '소라' (136쪽 참고)

악 보

바다는 음악가

활동 10

바다의 웃음

집단형태
대집단활동

활동유형
동시

활동자료
동시자료

활동목표

- 바다에서 볼 수 있는 생물에 대해 안다.
- 의성어와 의태어 표현을 이해한다.
- 반복된 구절을 낭송하며 운율을 느낀다.

활동방법

○ 바다에 대한 경험을 이야기한다.
- 바다에 가본 적이 있나요? 바다에서 무엇을 보았나요?
  - 파도를 보았다.
  - 배가 떠다니는 모습을 보았다.
  - 하늘 위를 날아다니는 갈매기도 보았다.

○ 교사가 동시를 낭송한다.
- 바다에 대한 동시를 들려줄게요.
- 시를 들으니 어떤 느낌이 드나요?
- 동시를 지은 작가는 어떤 장면을 보고, 어떤 생각이 들어서 이 시를 지었을까요?
  - 바다를 바라보니 기분이 좋아져서 시를 지었을 것이다.
  - 모두가 자기를 보고 웃어 줄 것이라 생각했을 것이다.

○ 교사가 동시를 다시 한 번 들려준다.

○ 동시의 제목을 유추해 본다.
- 이 시의 제목은 무엇일까요?
- 이 동시의 제목은 '바다의 웃음' 이에요.

○ 교사와 유아가 같이 낭송한다.
- 선생님과 함께 동시를 낭송해 봐요.

관련활동

- 노래 '바다는 음악가' (132쪽 참고)
- 노래 '바다 속' (146쪽 참고)
- 동시 '소라' (136쪽 참고)

동 시

바다의 웃음

방긋 방긋 조개들의 웃음
푸르르르 물풀들의 웃음
꺼억꺼억 게의 웃음
뻐끔뻐끔 고기들의 웃음
부웅붕 고깃배의 웃음
까딱까딱 등대의 웃음
쏴아아아 철썩 파도의 웃음

활동 11 소라

집단형태

대집단활동

활동유형

동시

활동자료

소리자료(파도 소리가 녹음된 카세트 테이프 또는 CD), 카세트 플레이어 또는 CD 플레이어, 동시 그림자료, 소라 껍데기, 게시판

'소라' 동시자료

TIP 1 방안놀이 시간에 과학 영역에서 조개·소라·전복 등 패류의 껍데기를 관찰할 수 있도록 한다. 소라 껍데기를 귀에 대어 소리를 들어본 후 동시를 배우면 유아들이 경험을 회상하며 동시를 낭송할 수 있다.

TIP 2 소라 껍데기를 여러 개 준비하여 동시에 여러 유아들이 들을 수 있도록 한다.

활동목표

- 소라 껍데기의 생김새를 안다.
- 반복되는 구절을 낭송하며 운율을 느낀다.

활동방법

○ 파도 치는 소리를 듣고 느낌을 이야기한다. TIP 1
- 눈을 감고 소리를 들어 보세요.
- 어떤 소리인가요? 어디에서 들을 수 있는 소리인가요?
  - 파도 치는 소리
  - 바닷가에서 들을 수 있다.
- 파도 소리를 들으니 어떤 느낌이 드나요?
  - 바다에 가고 싶은 마음이 든다.
  - 마음이 조용해지고 편안해지는 것 같다.
- 바다에 가지 않고 파도 소리를 들을 수 있는 방법이 있어요.
  - 소라 껍데기를 귀에 대어 본다.

○ 소라 껍데기의 소리를 듣는다. TIP 2
- 어떤 소리가 들리나요? 무엇이 생각나나요?
  - 바다에서 파도가 치는 모습이 생각난다.
  - 갈매기가 날아가는 모습이 생각난다.

○ '소라' 동시를 소개한다.
- 이런 내용을 담은 동시가 있어요. 윤석중 작가가 지은 '소라' 라는 동시예요.

○ 교사가 동시를 낭송한다.

○ 동시를 듣고 난 후의 느낌을 이야기한다.
- 동시를 들으니 어떤 느낌이 드나요?

○ 동시자료를 사용하여 교사가 동시를 한 번 더 낭송한다.

○ 교사와 유아가 다 같이 낭송한다.

관련활동

- 동시 '바다의 웃음' (134쪽 참고)

확장활동

- 동시를 배운 후 동시를 노래로 불러 본다.

동 시

소 라

윤석중

바다에서 주워 온 소라 껍질을
귀에다 가만히 대고 있으면
들려요 들려요 물결소리가
들려요 들려요 물새소리가

악 보

소 라

작사 윤석중
작곡 이은화

활동 12

조개 껍데기 꾸미기 · 돌 꾸미기

집단형태

자유선택활동

활동유형

조형 영역

활동자료

조개 껍데기(소라 껍데기), 다양한 크기와 모양의 돌, 크레파스, 유성 매직펜, 본드, 본드 받침, 셀로판 테이프, 꾸미기 재료(예: 모루, 수수깡, 빨대, 부직포 조각, 색공, 스팽글 등), 이름을 쓸 작은 모양종이

조개 껍데기 꾸미기

TIP 작품을 전시할 때에는 시원한 느낌이 들도록 낮은 책상에 파란색 비닐을 깐 후, 조개나 돌들을 적절하게 배치한다. 크레파스나 유성 매직펜으로 그린 돌과 조개에 마감재를 칠하면 색이 더욱 선명해진다.

활동목표

- 여름철 산이나 바다에서 볼 수 있는 자연물에 관심을 갖는다.
- 여름방학 동안의 경험을 회상하고 다양한 방법으로 표현한다.

활동방법

○ 방학 동안 유아들이 모아 온 조개 껍데기나 돌을 소개한다.

- 방학 동안 ○○○반 어린이들과 선생님이 바닷가에서 모아 온 조개 껍데기, 돌을 아름답게 꾸며 봅시다.
- 조개 껍데기와 돌을 아름답게 꾸미려면 어떻게 하면 좋을까요?
  - 그림을 그린다.
  - 꾸미기 재료를 붙여 꾸민다.

○ 유아들에게 꾸미고 싶은 조개 껍데기나 돌을 고르게 한다.

- 여러 가지 모양의 조개 껍데기와 돌 중에서 꾸미고 싶은 것을 1~2개 골라 보세요.

○ 조개 껍데기와 돌을 꾸민다.

- 조개 껍데기와 돌 위에 크레파스나 유성 매직펜으로 그림을 그리며 꾸며 보세요.
- 모루, 수수깡, 부직포 조각 등의 꾸미기 재료를 본드로 붙여서 꾸며 보세요.

○ 작은 모양 종이에 이름을 써서 셀로판 테이프로 붙인다.

- 다 꾸민 사람은 조각 종이에 이름을 써서 셀로판 테이프로 완성한 작품에 붙이세요.

○ 유아들의 작품을 전시한다. TIP

완성 작품

관련활동

- 신체(게임) '조개 껍데기 줍기' (139쪽 참고)
- 동시 '소라' (136쪽 참고)

활동 13 조개 껍데기 줍기

활동목표

- 조개 껍데기의 생김새를 안다.
- 근력과 민첩성을 기른다.
- 게임 방법을 알고 규칙을 지키며 게임을 한다.

활동방법

○ 유아들이 양편으로 나누어 의자에 앉는다.

○ 게임자료를 살펴보며 게임 방법에 대해 이야기한다.

- 선생님의 맞은편에 무엇이 놓여 있나요?
  - 조개 껍데기
- 출발표시 옆에는 손잡이가 달린 바구니가 놓여 있어요.
- 조개 껍데기와 바구니로 게임을 할 거예요.
  - 양편에서 한 사람씩 나와 출발 표시 위에 바구니를 들고 선다.
  - 선생님이 출발 신호를 하면 달려가서 조개 껍데기를 하나 주워 바구니에 담는다.
  - 바구니를 들고 돌아와 선생님들에게 전해 준다.
- 만약에 조개 껍데기를 담아서 돌아오다가 떨어뜨리면 어떻게 해야 할까요?
  - 떨어뜨린 조개 껍데기를 주워서 다시 바구니에 담아 돌아온다.

○ 게임방법을 시범 보인다.

○ 평가 방법을 이야기한다.

- 먼저 들어온 사람이 있는 편에게 조개 껍데기 그림을 한 장 붙여 줄게요.
- 조개 껍데기 그림의 수가 많은 편이 이기는 게임이에요.

○ 게임을 한다.

○ 게임을 평가한다.

- 먼저 ○○편의 조개 껍데기를 같이 세어 보세요. 이번엔 ☆☆ 편의 조개 껍데기를 같이 세어 보세요.
- 이번 게임은 ☆☆편이 이겼어요. ☆☆ 편에게 게임을 잘 해주었다고 박수쳐 줍시다. ○○편도 열심히 게임했다고 박수쳐 주세요.

○ 2차 게임을 하고 평가한다.

집단형태

대집단활동

활동유형

신체(게임)

활동자료

출발 표시, 조개 껍데기(유아 수만큼) TIP, 손잡이가 달린 작은 바구니 2개, 유아들이 가지고 온 조개를 담아둘 바구니, 평가자료(2가지 색 조개 그림 각 15개), 게시판

TIP 유아들이 손으로 잡기에 알맞은 크기의 조개 껍데기를 준비한다.

조개 껍데기 줍기 게임하기

○ 응원 태도에 대해 이야기 나눈다.

- ○○편과 ☆☆편 모두 바르게 앉아서 응원을 잘 해주었나요?
- 바르게 앉아서 열심히 응원했다고 서로에게 박수쳐 주세요.

○ 유아들과 함께 게임자료를 정리한다.

관련활동

- 조형 영역 '조개 껍데기 꾸미기 · 돌 꾸미기' (138쪽 참고)

활동 14 파도 그리기

활동목표

- 여름방학 동안의 경험을 회상하고 표현한다.
- 조형재료의 특성을 이용하여 그림을 그린다.

활동방법

○ 파도 치는 모습 사진을 보며 파도를 그릴 것임을 소개한다.
- 파도 치는 모습을 본 적 있나요?
  - 바다에 바람이 불어 물결이 높게 솟아오른 것을 파도라고 한다.
  - 파도는 먼 바다에서부터 바닷가 쪽으로 밀려온다.
- 파도 치는 모습을 그림으로 표현할 거예요.
  - 하얀색 크레파스로 그림을 그린 후 물감으로 칠한다.
- 하얀색 도화지에 흰색 크레파스나 양초로 그림을 그리면 어떨까요?
  - 잘 보이지 않는다.
- 그 위에 파란색 물감을 칠하면 어떻게 될까요?
  - 흰색 크레파스나 양초로 그린 부분은 물감이 스며들지 않고 나머지 부분은 파란색 물감이 스며든다.
- 흰색 크레파스나 양초로 그린 부분이 선명히 드러난다.

○ 활동자료를 살펴보며 이야기 나눈다.
- 조형책상에 무엇이 있나요?
  - 큰 도화지(전지), 양초, 하얀색 크레파스, 물감, 붓, 물통 등
- 도화지의 크기가 어떤가요?
  - 매우 크다. 혼자 그림을 그릴 때 사용하던 도화지보다 훨씬 크다.
- 오늘은 파도 그림을 혼자서 그리는 것이 아니라 조형책상에 모인 친구들이 함께 그릴 거예요.

○ 크레파스와 양초로 도화지에 파도 그림을 그린다. TIP
- 자신이 맡은 부분에 크레파스나 양초로 파도 모양을 그려 보세요.
- 물감으로 칠하면 어떤 모양이 나올지 생각하면서 여러 가지 모양을 그려 보세요.

○ 그 위에 파란색 계통의 물감을 칠한다.
- 이제 파란색 물감을 칠해 볼 거예요. 어떤 모양이 나타날까요?

집단형태

자유선택활동

활동유형

조형 영역

활동자료

파도 치는 모습 사진, 전지 크기의 흰 도화지, 흰색 크레파스 또는 양초, 파란색 계통의 물감, 붓, 물통, 스펀지 또는 걸레

TIP 유아들이 그림을 그리는 동안 파도 치는 소리나 바다를 표현한 클래식 음악(예: 드뷔시 '바다' 중 '바람과 바다의 대화')을 들려준다.

- 선생님이 먼저 한 부분을 칠해 볼게요. 파도가 어떤 모습인가요?
- 이제 돌아가면서 자신이 맡은 부분을 물감으로 칠해 보세요.

유의점

- 8절 크기의 하얀색 도화지에 개인 작업으로 파도 그림을 그릴 수도 있다. 개인 작업을 했을 경우 각 유아가 그린 그림을 연결하여 전시해 준다.

관련활동

- 노래 '바닷가에서' (130쪽 참고)

활동 15 모래 그림 그리기

활동목표

- 여름방학 동안의 경험을 회상하고 표현한다.
- 조형재료의 특성을 이용하여 그림을 그린다.

활동방법

○ 모래 그림에 대해 이야기한다.
- 조형 책상에 무엇이 있나요?
  - 모래, 물풀, 도화지, 상자, 색연필 등
- 모래와 풀을 이용하여 그림을 그릴 거예요. 어떤 방법으로 그릴 수 있을까요?
  - 종이 위에 풀로 그림을 그린다.
  - 종이 위에 모래를 고루 뿌린다.
  - 모래를 종이 상자에 털어낸다.

○ 원하는 색깔의 도화지를 골라 뒷면에 이름을 쓴다.

○ 색연필로 그림을 그린다.
- 색연필로 자기가 좋아하는 그림을 그려 보세요. 너무 작고 자세하게 그림을 그리면 나중에 풀로 그림을 그릴 때 모양이 잘 안 나타날 수 있으니 크고 간단한 그림을 그려 보세요.

○ 색연필로 그린 선 위를 풀칠한다.
- 이제 색연필로 그린 선 위를 물풀로 칠해 보세요.

○ 도화지 위에 모래를 뿌린다.
- 물풀로 그림을 다 그린 사람은 도화지 위에 모래를 뿌려 보세요.
- 종이 위에 모래를 뿌린 후 상자에 모래를 털어 낼 거예요. 모래가 어떻게 될까요?
  - 풀로 칠한 부분은 모래가 붙어 있고 풀로 칠하지 않은 부분은 모래가 떨어질 것이다.

○ 모래를 털어 내어 상자에 담는다.
- 종이를 잘 들어 상자에 대고 모래를 털어 보세요.
- 모래를 다 털어 내니 어떤 모양이 나타났나요?

유의점

- 활동에 사용한 모래는 활동을 실시하기 2~3일 전에 깨끗이 씻고 햇빛에 말려 위생에 만전을 기하도록 한다.

집단형태

자유선택활동

활동유형

조형 영역

활동자료

고운 모래 TIP 1, 여러 가지 색의 종이 TIP 2, 물풀, 색연필, 도화지, 종이 상자 혹은 접시 TIP 3

TIP 1 유아들과 함께 마당놀이 시간에 모래를 씻고 말린 후 체로 쳐 고운 모래를 만든다.

TIP 2 종이가 얇을 경우 풀이 마른 후에 종이가 우그러지거나 말리므로 색도화지나 두꺼운 도화지, 달력 종이 등과 같이 두꺼운 종이를 사용한다.

TIP 3 그림을 완성한 뒤 모래를 털어내는 용도로 5cm 정도 깊이의 종이 상자 혹은 접시를 활용한다.

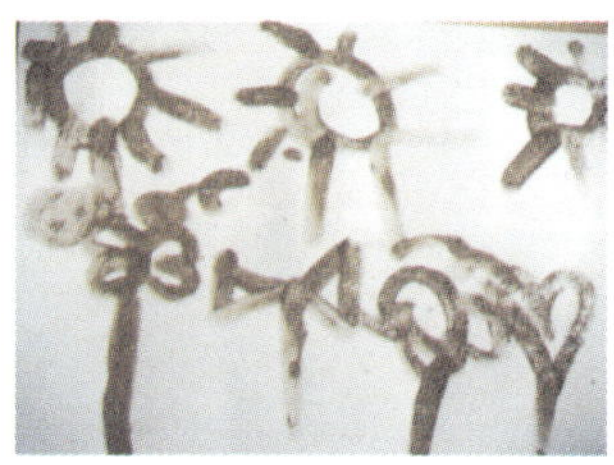

완성작품

활동 16

김 · 다시마 관찰하기

집단형태

자유선택활동 · 대집단활동

활동유형

과학 영역 · 이야기나누기

활동자료

실물자료(김과 다시마 말린 것, 다시마를 물에 불린 것), 김과 다시마로 만든 반찬(예: 김 구이, 다시마 튀각 등), 바다 속 그림(사진)

'김 · 다시마 관찰하기' 환경 구성

TIP 본 활동은 점심 식사로 김이나 다시마로 만든 반찬(예: 김 구이, 다시마 튀각 등)을 먹는 날 실시한다. 유아들이 김, 다시마를 관찰하고 맛볼 수 있어 효과적이다.

활동목표

- 바다 생물의 종류에 관심을 갖는다.
- 김과 다시마의 생김새를 구별한다.
- 김과 다시마가 자라는 곳을 안다.

활동방법

○ 김과 다시마로 만든 반찬을 소개한다.

- 오늘의 반찬을 살펴봅시다. TIP
  - 김 구이, 다시마 튀각
- 김 구이(다시마 튀각)를 먹어 본 적이 있나요? 맛이 어땠나요?

○ 김과 다시마의 효능에 대해 소개한다.

- 김과 다시마는 음식물 중 몸에 좋은 것들을 몸속으로 잘 스며들게 하고 몸에 나쁜 것들은 몸 밖으로 내보내 주는 일을 해요. '방사능' 이라는 해로운 물질도 몸 밖으로 내보내요.
- 몸속에 피가 잘 흐를 수 있도록 도와주고, 피부를 부드럽게 해 줘요.

○ 김과 다시마가 사는 곳에 대해 알아본다.

- 김과 다시마는 어디에서 나는 것일까요?
  - 바다
- 그런데 김과 다시마는 바다 속에서도 사는 곳이 다르다고 해요.
- 바다 속 모습을 함께 살펴봅시다. 바다 속이 어떤 모습인가요?
  - 물이 점점 깊어진다.
  - 모래사장에 가까운 물의 깊이는 얕지만 모래사장에서 멀어질수록 깊어진다.
- 이중에서 김은 얕은 바다에 살아요. 그리고 다시마는 깊은 바다에서 살아요.
- 깊은 곳과 얕은 곳 중 어느 곳에 햇볕이 더 잘 들까요?
  - 얕은 곳
- 바닷물이 얕으면 햇볕이 잘 통과할 수 있어요. 하지만 깊은 곳은 햇볕이 들지 않아요.
- 얕은 곳에 햇볕이 잘 들기 때문에 색깔이 김은 초록색이에요. 그런데 다시마는 햇볕을 받지 못하기 때문에 더 짙은 갈색이에요.

○ 김, 다시마의 실물을 보며 생김새에 대해 이야기를 나눈다.

- 김, 다시마의 생김새가 어떻게 다른지 살펴봅시다.
- 김과 다시마는 어떻게 생겼나요?
  - 다시마는 울퉁불퉁하고 김보다 두껍다.
  - 김은 다시마보다 얇고 평평하다. 구멍이 나 있다.
- 다시마의 냄새는 어떤가요?
  - 짠 냄새가 난다.
- 왜 짠 냄새가 나는 것일까요?
  - 바닷물의 소금이 남아 있기 때문이다.

○ 김, 다시마의 촉감에 대해 이야기를 나눈다.

- 김, 다시마를 만져 보니 느낌이 어떤가요?
  - 딱딱하고 뻣뻣하다.
- 우리가 살펴본 김, 다시마는 바다에서 꺼낸 뒤에 햇볕에 말렸기 때문에 뻣뻣하고 딱딱한 느낌이에요. 하지만 물속에 있을 때에는 어떤 모습이었을까요? 어떻게 움직일까요?
  - 긴 줄기와 잎이 있다. 잎 가장자리에 주름이 있다.
  - 물결에 따라 부드럽게 움직인다.
- (준비해 놓은 그릇에 담으며) 이렇게 물에 담그면 다시 바다 속에 있을 때처럼 부드러워져요.

관련활동

- 노래 '바다 속' (146쪽 참고)

김과 다시마 냄새 맡기

김과 다시마 촉감 탐색하기

활동 17

바다 속

집단형태

대집단활동

활동유형

노래

활동자료

자석 노래자료(바다 속 배경, 파래, 다시마, 꽃게, 물고기 그림), 실물 또는 사진자료(파래, 다시마), 자석판

'바다 속' 노래자료

TIP 점8분음표와 16분음표로 이루어진 리듬을 정확하게 표현한다.

활동목표

- 바다 생물의 종류에 대해 관심을 갖는다.
- 꽃게, 물고기, 파래, 다시마의 특징을 안다.

활동방법

○ 파래와 다시마에 대해 이야기 나눈다.

- (파래와 다시마 실물 또는 사진 보여 주기) 무엇인가요?
  - 파래, 다시마
- 파래와 다시마는 어디에서 사나요?
  - 바다에서 산다.
- (바다 속 그림 보며) 바다 속 모습이 어떤가요?
  - 물고기와 꽃게가 있다.
  - 바위가 있다.
  - 여러 가지 해초가 있다.
- 해초 중에서 파래는 얕은 바다에 살고, 다시마는 깊은 바다에서 살아요.
- 파래는 무슨 색깔인가요?
  - 짙은 초록색이다.
- 다시마는 무슨 색깔인가요?
  - 갈색이다.
- 파래와 다시마의 색깔이 왜 다를까요?
  - 얕은 바다에는 햇볕이 잘 들어서 파래의 색깔이 초록색이다.
  - 깊은 바다에는 햇볕이 잘 들지 않아서 다시마의 색깔이 어두운 갈색이다.

○ 교사가 노래를 부른다. TIP

- 파래와 다시마가 있는 바다 속의 모습을 생각하며 부르는 노래가 있어요.

○ 피아노 소리로 멜로디를 듣는다.

○ 한 가지 소리로 노래를 부른다.

○ 자료를 보며 노랫말에 대해 이야기 나눈다.

- 바다 속이 무엇처럼 보인다고 했나요?
  - 꽃동산

- ■ 왜 꽃동산처럼 보일까요?
  - • 파란 파래와 갈색 다시마가 바다 속의 꽃처럼 보인다.

○ 교사와 유아가 노래를 나누어 부른다.

○ 다 함께 노래를 부른다.

| 2절 |

○ 2절 노랫말을 이야기로 들려준다.

- ■ 파래와 다시마가 살고 있는 바다 속에는 꽃게와 물고기도 살고 있어요. 꽃게와 물고기는 서로 친구예요. 꽃게가 술래가 되고 물고기가 도망가며 술래잡기 놀이를 하기도 해요. 둘은 숨바꼭질 놀이도 하지요. 물고기가 '꼭꼭 숨어라, 머리카락 보일라' 하고 술래가 되어 외치면 꽃게가 두 눈을 쏙 감추고 숨는답니다.
- ■ 이렇게 꽃게와 물고기가 바다 속에서 놀고 있으니 바다 속이 어떻게 보이나요?
  - • 놀이터 같다.
  - • 운동장 같다.

○ 교사가 노래 2절을 부른다.

○ 교사와 유아가 노래를 나누어 부른다.

○ 다 함께 노래를 부른다.

관련활동

- ■ 언어 영역 '바다 생물 인형극' (82쪽 참고)
- ■ 과학 영역 '김 · 다시마 관찰하기' (144쪽 참고)

악 보

바다 속

작사 이순희
작곡 조성녀

활동 18

바다가 한데 모여

집단형태

대집단활동

활동유형

동시

활동자료

지구본, 우리나라 및 세계 여러 나라의 바다 사진, 동시자료, 자석판, 배경음악CD, CD 플레이어, 지구본

'바다가 한데 모여' 동시자료

활동목표

- 동시의 내용을 이해하고 자유롭게 상상한다.
- 반복된 구절을 낭송하며 운율을 느낀다.

활동방법

○ 바다에 다녀왔던 경험에 대해 이야기를 나눈다.

- 바다를 본 적 있나요? 어디에 가서 바다를 보았나요?
  - 제주도에 가서 보았다.
  - ○○섬에 가서 보았다.
  - 다른 나라에 가서 보았다.
- 바다는 아주 넓기 때문에 여러 곳에서 볼 수 있어요.
- (지구본을 보여 주며) 우리가 살고 있는 지구예요. 바다는 어디일까요?
  - 하늘색(파란색) 부분이 바다이다.
- (우리나라 및 세계 여러 나라 바다 사진을 붙이며) 이렇게 여러 나라에서 바다를 볼 수 있어요.
- 만약에 이 넓은 바다가 모두 한 곳에 모인다면 어떻게 될까요?
  - 아주 큰 바다가 된다.
  - 바다 속에 살던 물고기들이 다함께 만난다.

○ '바다가 한데 모여' 동시를 소개한다.

- 바다가 한데 모여서 하나의 바다가 된다면 어떻게 될지 생각하며 지은 동시가 있어요. '바다가 한데 모여' 라는 동시예요.

○ 교사가 '바다가 한데 모여' 동시를 낭송한다.

- 선생님이 동시를 낭송할게요. 동시를 듣고 그 모습을 머릿속으로 떠올리며 들어 보세요.

○ 교사와 유아가 나누어서 낭송한다.

- 선생님과 ○○○반 어린이들이 나누어서 동시를 낭송할 거예요. 선생님이 '○○가 한데 모여 한 ○○이 된다면' 부분을 낭송하면 △△반 어린이들이 '어마어마하게 큰 ○○가 되겠지' 부분을 낭송하고, 마지막 연은 다 함께 낭송하기로 해요.

○ 교사와 유아가 다 같이 낭송한다.

확장활동

- '○○가 한데 모인다면?' 에 대한 유아들의 창의적인 생각을 그림으로 그리고 이야기를 적은 후 책으로 만들어 본다.

동시

바다가 한데 모여

〈마더 구스의 노래〉 중에서

바다가 한데 모여 한 바다가 된다면
어마어마하게 큰 바다가 되겠지

나무가 한데 모여 한 나무가 된다면
어마어마하게 큰 나무가 되겠지

도끼가 한데 모여 한 도끼가 된다면
어마어마하게 큰 도끼가 되겠지

사람이 한데 모여 한 사람이 된다면
어마어마하게 큰 사람이 되겠지

큰 사람이
큰 도끼로
큰 나무를 베어서
큰 바다로 쓰러뜨린다면
어마어마하게 큰 물결이 출렁거리겠지

부 록

1. 주간교육계획안

만 4세 ○○○ 반 주간교육계획안 20○○ 학년도 ○월 ○주	생활주제	여름	주 제	여름철 날씨와 생활 여름철 안전한 생활 여름방학

목 표	여름철 날씨의 변화에 관심을 갖고 날씨에 알맞은 생활습관을 기른다. / 여름철 위생과 안전에 유의하는 방법을 안다. / 여름철 물놀이 시 주의할 점을 알고 안전하게 물놀이한다. / 여름방학을 기대하는 마음을 갖는다.

활동	요일/날짜	월 (○일)	화 (○일)	수 (○일)	목 (○일)	금 (○일)	평가
자유선택활동	쌓기 놀이 영역	• 블록으로 배 만들기 • 와플블록으로 바다 생물 만들기 • 수족관 만들기 • 블록으로 활주로 만들어서 공항 놀이하기 →					
	역할 놀이 영역	• 과일, 야채 가게 놀이하기(가게 이름 정하고 간판 만들기, 가격 정하기 등) • 여행 놀이하기 →					
	언어 영역	• '여름' 생활주제 관련 그림책 보기 • 여름에 들을 수 있는 소리 듣기 • 바다 생물 인형으로 인형극하기 →					
	수학 · 조작 영역	• '여름' 생활주제 관련 수학 · 조작교구하기(여름철 물건 찾아보기, 산에 사는 곤충과 새 그림자 맞추기 등) • 낚시게임하기 →					
	과학 · 컴퓨터 영역	• 열대어(팬더코리도라스) 관찰하기 • 물에 젖는 것과 젖지 않는 것 • 방울토마토 수확하기(베란다) →					
	조형 영역	• 생일 그림 그리기	• 바다 속 꾸미기 →		• 밀가루 점토 만들기 →		
	음률 영역	• 여름철 관련 악기 연주하기 • 오션드럼, 레인스틱, 썬더튜브 탐색하기 • 쇼팽의 빗방울 전주곡 감상 및 음악동화 듣기 →					
	실외 영역	• 마당 : 종합놀이터, 모래놀이터, 대근육활동 기구에서 놀이하기 / 물놀이하기 / 호스, 스포이드, 패트병, 우유통 이용해서 물놀이하기 →					
대 · 소집단활동	이야기나누기	• ○○○ · ○○○ 생일축하	• 비가 많이 왔어요	• 여름철 안전 II - 실외안전과 물놀이안전	• 여름방학	• 이화유치원 전원아 인사나누기 • 여름방학 및 교실환경 정리	
	동화 · 동극 · 동시	• 수영장에 간 금붕어(OHP)			• 1학기에 있었던 일	• 바닷물고기 덩치(반입체)	
	음 악	• 기쁨 주는 생일	• 난 여름철이 좋아요(새노래)			• 1학기에 배웠던 노래 부르기	
	율 동	• 복남이를 보았니					
	체 육				• 1학기에 배웠던 율동, 체조하기		
	게 임			• 수박씨 떼고 돌아오기			
	수 학			• 양편 수 세기		• 달력 보며 여름방학 기간 수 세기	
	과 학		• 자연재해의 종류 및 원인 알기				
	사 회	• 친구들의 마음 기쁘게 하기		• 물놀이, 자전거, 인라인 놀이 시 지켜야할 약속 · 안전보호장구 중요성 알기		• 소지품 스스로 정리하고 챙기기	
	바깥놀이		• 물놀이하기		• 물놀이하기		
	간 식	• 생일간식(와플), 과일, 우유	• 양송이스프, 현미뻥튀기2	• 밤식빵1, 둥굴레차	• 치즈쌀케익1, 밀감푸딩	• 떡볶이5, 우유	
	전이 · 주의집중	• 누구일까요?	• '여름' 글자 쓰기	• 물놀이에 필요한 물건 찾기	• '방학' 글자 쓰기	• 멜로디 듣고 노래 제목 맞히기	
	귀가지도	• 그림책 반납 안 한 사람 꼭 가지고 오기	• 자기 물건, 옷 챙겨서 가지고 가기	• 종이가방 가지고 오기	• 내일은 방학하는 날이며 도시락은 먹지 않고 12시에 끝남	• 주말 잘 지내기	
비고		※○○○ · ○○○ 생일축하				※이화유치원 전원아 모임 ※1학기 종업일	
총 평							

2. 일일교육계획안

담임	원감	원장

학급명	○○○반 (만 4세)	날 짜	20○○년 ○월 ○일 ○요일	수업일수	○○/○○○ 일
생활주제	여름	주 제	여름철 날씨와 생활 여름철 동·식물 여름철 안전한 생활	소주제	규칙을 지켜 게임에 참여하기 동화 듣고 동극하기 여름철 안전과 위생에 유의하기
목 표	여름철 날씨의 특징과 여름에 걸리기 쉬운 질병을 안다. / 게임의 방법을 이해하고 규칙을 지키며 게임에 참여한다. / 동화를 듣고 기억하여 극으로 표현한다.				
일일 시간표	9:00 ~ 등원 및 실내자유선택활동 9:50 ~ 정리정돈 및 화장실 다녀오기 10:00 ~ 게임 '아이스크림 옮기기' 10:25 ~ 간식 '찐옥수수1/2, 우유' 10:50 ~ 동화·동극 '꿀꿀이의 아이스크림 가게' 11:20 ~ 실외자유선택활동 12:05 ~ 정리정돈 및 화장실 다녀오기 12:15 ~ 귀가지도				

시간 / 활동명	활 동 목 표	활 동 내 용	준비물 및 유의점	평 가
9:00~ 등원 및 실내자유 선택활동	• 선생님께 바르게 인사한다. • 친구의 생일을 축하하는 마음으로 생일 그림을 그린다. • 바다 속을 꾸밀 때 필요한 것들을 알아보고 바다 속을 만들어 놀이한다.	• 등원 및 인사나누기 - 선생님과 인사나누기 - 출석표시판에 이름표 붙이기 • 실내자유선택활동 [조형] 생일그림 그리기 - ○○○ · ○○○의 생일을 축하하는 마음으로 생일그림 그리기 [쌓기] 바다 배경 블록으로 바다 속 꾸미고 바다 생물 놀이하기 - 바다 배경 블록으로 바다 속 만들기 - 바다 생물 모형 인형으로 바다 속에서 놀이하기	• 출석 표시판, 이름표(유아들이 그린 과일 그림) • 조형 : 색연필, 사인펜, 크레파스, 도화지 - 조형 : ○○○ 교사 • 쌓기 : 바다 배경 블록, 바다 속 생물 모형 인형	

시간 / 활동명	활 동 목 표	활 동 내 용	준비물 및 유의점	평가
	• 과일, 야채 가게에 필요한 것들을 알고 역할에 맞게 극놀이로 표현한다.	[역할] 과일, 야채 가게 놀이하기 - 역할(예: 가게 주인, 손님, 배달원 등) 정하기 - 과일, 야채 가게 놀이하기	• 역할 : 과일 모형, 야채 모형, 바구니, 장바구니, 계산기 등	
	• 읽기, 쓰기, 말하기에 관심을 가진다.	[언어] '여름' 생활주제 관련 그림책 보기 - '아이스크림과 늑대 친구들', '여름에는 왜 더울까요?', '구리와 구라의 헤엄치기', '모래성' 등 그림책 보기 - 바다생물 인형으로 인형극하기	• 언어 : 그림책, 바다생물 인형, 인형극장	
	• 퍼즐 맞추는 방법을 알고, 형태와 그림을 알맞게 연결한다.	[수학 · 조작] '여름' 주제 수학 · 조작 교구하기 - 과일, 조개 모양 퍼즐 맞추기 - 가재 잡기 게임하기	• 수학 · 조작 : 나무 · 종이 퍼즐, 가재잡기 게임	
	• 열대어를 관찰하고 먹이를 준다.	[과학] 열대어 관찰하기 - 다람쥐반의 열대어(팬더코리도라스)를 관찰하기 - 열대어에게 먹이 주기	• 과학 : 열대어가 담긴 수조, 열대어 먹이	
	• 올바른 연주방법으로 악기를 연주한다.	[음률] 악기 소리 탐색하기, 악기 연주하기 - 오션드럼, 과일모양 쉐이커, 에그쉐이커, 우드로폰 등 연주하기	• 음률 : 오션드럼, 과일모양 쉐이커, 에그쉐이커, 우드로폰 등	
	• 올바른 기본생활습관을 형성한다.	• 기본생활습관 지도하기 - 바르게 인사하기, 실내에서 걸어 다니기, 놀던 장난감 정리하기		
9:50~ 정리정돈 및 화장실 다녀오기	• 자기가 가지고 놀던 놀잇감을 정리할 수 있다. • 친구를 도와줄 수 있다.	• 자기가 놀았던 영역부터 정리하기 • 다른 영역 정리 도와주기 • 화장실 다녀오기 • 물마시고 오기		
10:00~ 게임 '아이스크림 옮기기' (유희실)	• 게임의 방법을 이해하고 규칙을 지켜 즐겁게 게임에 참여한다.	◎ 게임 '아이스크림 옮기기' (유희실) • 자리정돈 및 주의집중: 배운 노래 부르기 • 활동 소개하기 - 아이스크림을 퍼 오는 게임을 해볼 것임 • 게임방법 알려 주기 - 어떻게 하는 게임일까요?(유아들의 의견 듣기) - 컵을 들고 달려가서 국자로 아이스크림을 퍼 오는 게임임 • 게임 규칙 이야기하기 - 유아가 시범 보이기 - 아이스크림을 몇 개 퍼야 할까요? (한 개)	• 아이스크림 통 2개, 아이스크림용 공(빨강, 검정), 아이스크림 국자 2개, 컵 2개, 바구니 6개, 출발선	

시간 / 활동명	활 동 목 표	활 동 내 용	준비물 및 유의점	평가
		- 사용한 국자는 어디에 놓아야 할까요? (바구니) - 뛰어오다가 아이스크림을 떨어뜨리면 어떻게 해야 할까요? (다시 주워서 컵에 담아 돌아와야 함) • 게임하기 • 게임 평가하기		
10:25~ 간식 '찐옥수수 1/2, 우유'	• 손을 깨끗이 씻는다. • 음식을 골고루 먹는다.	• 화장실에서 손 씻기 • 간식 먹기 • 간식을 다 먹은 후 수학 · 조작, 언어 놀이하기	• 언어 영역 놀이하기-손씻기 지도: ○○○ 교사 - 간식준비 : ○○○ 교사	
10:50~ 동화 · 동극 '꿀꿀이의 아이스크림 가게'	• 동화를 듣고 줄거리를 이해한다. • 동화의 내용을 회상하며 극화하여 표현한다.	◎ 동화 · 동극 '꿀꿀이의 아이스크림 가게' • 자리정돈 및 주의집중 : 아이스크림 자리 바꾸기 • 동화 들려주기 - 동화를 듣고 동극을 해볼 것임 - 어떤 등장인물이 나와서 어떤 말을 하는지 기억하면서 보기 • 동화 내용 회상하기 • 무대장치 정하기 - 아이스크림 가게를 어디로 할지 정하고 무대 만들기 • 소품 정하기 - 아이스크림(수박맛, 참외맛, 딸기맛, 초콜릿), 의사선생님 가방, 청진기를 무엇으로 할지 정하기 • 역할(돼지, 곰, 고양이, 토끼, 의사선생님) 정하기 • 동극하기 - 역할을 맡은 유아는 각자 자기 소개하기, 시작하는 말하기, 동극하기, 마치는 말하기 • 평가하기 - 동극을 하면서 재미있었던 점은 무엇인가요? - 동극을 보면서 재미있었던 점은 무엇인가요? (목소리의 크기는 적당했는지, 동극을 하는 사람들의 모습이 잘 보였는지, 특별히 재미있고 독창적인 표현을 한 사람이 있었는지, 보는 사람들의 태도는 좋았는지 등을 중심으로 평가한다.) - 어떻게 하면 동극을 더 재미있게 잘 할 수 있을까요? • 2차 동극하기	• 동화자료, 낮은 책상, 동극자료 (블럭, 아이스크림 소품, 청진기, 가방 등)	
11:20~ 실외자유선택활동	• 실외놀이규칙을 지키며 안전하게 놀이한다. • 실외놀이시설을 안전하게 사용한다.	• 종합놀이터, 모래놀이터, 대근육활동 기구에서 놀이하기 • 안전하게 규칙 지키면서 놀이하기 • 물놀이하기	• 탬버린, 유아명단, 휴지 - 전체 : ○○○ 교사 - 모래놀이터 : ○○○ 교사	

시간 / 활동명	활 동 목 표	활 동 내 용	준비물 및 유의점	평가
12:05~ 정리정돈 및 화장실 다녀오기	• 자기가 가지고 놀던 놀잇감을 정리할 수 있다. • 친구를 도와줄 수 있다.	• 선생님이 탬버린을 흔들면 정리하고 줄 서기 • 유아 수 확인하기 • 옷이 젖거나 더러워진 사람은 갈아입기 • 물마시기 / 화장실 다녀오기	- 정리신호 : ○○○ 교사	
12:15~ 귀가지도	• 일과를 회상하며 느낀 점을 표현한다. • 귀가 전 해야 할 일과 귀가방법을 안다.	• 하루 일과 평가하기 • 그림책 가지고 오기 • 내일은 ○○○, ○○○ 생일축하를 할 것임 • 바르게 인사하기		
비고				
총평				

참고문헌

김진영(2009). 김진영 동요집. 교문사.

범국민손씻기운동본부(2008). 범국민손씻기운동본부. www.handwashing.or.kr.

서세옥 · 김향수(2006). 즐거운 비. 도서출판 한솔교육

이기숙 · 김희진 · 이경미 · 이순영(1998). 유아를 위한 소비자교육 프로그램. 양서원.

이은화 · 김순세(1973). 어린이 춤곡. 형설출판사.

이화여자대학교 사범대학 부속이화유치원(1970). 노래동산.

이화여자대학교 사범대학 부속이화유치원(1987). 유아를 위한 즐거운 놀이.

이화여자대학교 사범대학 부속이화유치원(1992). 3, 4, 5세 어린이를 위한 유치원 교육과정 운영의 실제, ⑦ 여름. 교문사.

저자소개

홍용희 이화여자대학교 사범대학 부속이화유치원 원장
이화여자대학교 사범대학 유아교육과 교수

오지영 이화여자대학교 사범대학 부속이화유치원 원감

강은정 현 이화여자대학교 사범대학 부속이화유치원 교사

김은수 현 이화여자대학교 사범대학 부속이화유치원 교사

김혜전 전 이화여자대학교 사범대학 부속이화유치원 교사

이예린 현 이화여자대학교 사범대학 부속이화유치원 교사

장정윤 전 이화여자대학교 사범대학 부속이화유치원 교사

이화유치원 교육과정 운영의 실제

만 4세 ❼ 여름

2011년 12월 19일 초판 인쇄
2011년 12월 26일 초판 발행

지은이 이화여자대학교 사범대학 부속이화유치원
펴낸이 류제동
펴낸곳 (주)교문사

책임편집 정혜재
본문디자인 아트미디어
표지디자인 이수미
제작 김선형
영업 정용섭·이진석·송기윤

출력 아트미디어
인쇄 동화인쇄
제본 한진제본

우편번호 413-756
주소 경기도 파주시 교하읍 문발리 출판문화정보산업단지 536-2
전화 031-955-6111(代)
팩스 031-955-0955
등록 1960. 10. 28. 제406-2006-000035호

홈페이지 www.kyomunsa.co.kr
E-mail webmaster@kyomunsa.co.kr
ISBN 978-89-363-1160-5 (93370)
ISBN 978-89-363-1141-4 (93370) 전 36권

값 16,000원